Wulfing von Rohr
Kleine Erleuchtungen

Wulfing von Rohr

Kleine Erleuchtungen

Auf dem Weg
zu mir selbst

EDITION
LEBENSWEGE

1. Auflage 2009 als Knaur Taschenbuch bei Droemer Knaur München
2. Auflage 2017 als HC im Lebensraum Verlag A-Bramberg
3. überarbeitete und aktualisierte Auflage als Paperback und E-Book über kdp amazon 2019

Cover, Satz und Abbildungen: kd grafik, draenn@gmail.com

Alle Rechte vorbehalten © 2009/2017/2019 WvRohr, Austria

Vorbehaltserklärung:
Der Zweck dieses Buches ist Informationen zu vermitteln und darüber zu berichten. Im Falle eines Verlustes oder Schadens, der direkt oder indirekt mit den in diesem Buch enthaltenen Informationen gegenüber gebracht werden könnte, sind weder der Autor noch der Verleger oder Verlag verantwortlich oder schadenersatzpflichtig, ebenso wird eine Haftung für Personen, Sachschaden und Vermögensschäden ausgeschlossen.

www.wulfingvonrohr.info

Inhalt

Herzliche Einladung zu „kleinen Erleuchtungen" .. 7

Teil 1: Wo stehst du? 15
Du bist jetzt hier. Also nimm wahr, was ist.
Eine Grundübung
  1. Wenn die Seele ruft 25
    Botschaften deines Lebens
    Spiegelübung: Dir selbst begegnen
  2. Vergiss es, lass los: 33
    Wenn Karma krampft wird, wenn das Leben stockt
    Ballonübung: Altes abgeben und loslassen
  3. Was hemmt dich? 51
    Ansehen was ist; entscheiden, was sein soll
    Energieübung: Das große Ja!

Teil 2: Was prägt dich? 57
Glaubensmuster, Gewohnheiten und Wirklichkeit
Goethes Einsicht
  4. Pyramide, Chaos oder Lichtkugel? 58
    Modelle als prägende Muster von Bewusstsein
    Modellübung: Pyramide, Fraktal, Kugel
  5. Wenn das Schicksal dunkel aussieht 72
    Praktische Problemlösungen durch Ebenenwechsel.
    Vergebungsübung: Eltern, Kinder ... Gott
  6. Die Reise der Helden 82
    Archetypische Situationen der Individuation und Spiritualität
    Er-Innerungs-Übung: Lebensabschnitte und ihre Themen

Teil 3: Was heilt dich?............ 97
Spirit ist Leben und Heilung
Ich bin
- 7. Es gibt immer einen nächsten Schritt........ 99
  Öffnung für eigene Ziele und innere Ressourcen
  Vorwärtsübung: Der nächste Schritt
- 8. Deine Energie ist dein Erfolg............. 109
  Wie man neue Lebenskraft schöpfen kann
  Aufrichtigkeitsübung: Bewusstseinswandlung
- 9. Lieben ohne Angst..................... 119
  Den Himmel in die Herzen bringen (und bei sich selbst anfangen)
  Seelenbegegnungsübung: In die Seele schauen

Teil 4: Was erfüllt dich und die Welt?
Deine Beziehung zu dir und zu Gott
- 10. Kleine Erleuchtungen 131
  Es gibt nur einen Weg: deinen!
  Wer bin ich-Übung?
- 11. Bist du Gottes geliebtes Kind?............ 139
  Wo findet die Seele ZUfluht? Frage dein Herz!
  Dankübung: Eltern, Kinder, Partner, Natur, Erde
- 12. Du bist wunderbar!.................... 149
  Du bist wirklich voller Wunder!
  Segnungsübung: Sich selbst und alles segnen (lassen)

Dank 157

Anhang 159
  Literaturhinweise 159
  Zum Guten Schluss: Zwölf Gedanken zum Leben 164

Herzliche Einladung

zu „kleinen Erleuchtungen"

Wir alle sind auf einer Seelenreise. Sie wird von körperlichen, emotionalen, geistigen und spirituellen Chancen und Herausforderungen geprägt. Wir erleben Erfolge und Rückschläge, schmerzliche Erfahrungen und seelische Erfüllungen. Zahlreiche Bücher, auch sogenannte Bestseller, verheißen nun, alle Lebensfragen zu beantworten, alle Probleme mit einer Wunderformel zu lösen, alle Wünsche mit einem Patentrezept zu erfüllen. Sie und ich wissen, dass dies weder stimmt noch auch nur möglich wäre. Gerade so, wie wir selbst miterleben, dass grenzenloser wirtschaftlicher Aufschwung, immerwährende körperliche Gesundheit, ewig steigende Börsenkurse und ein Erdenleben ohne einen Tod unmöglich sind. Viele von uns spüren, dass solche vollmundigen Behauptungen, dies oder jenes sei nun das Patentrezept zum Lebensglück, ein spirituelles bzw. esoterisches Äquivalent zu Hedge Fonds-Schimären und Turbo-Derivaten sind.

Dieses Buch verzichtet darauf, Ihnen irgendwelche zwar verlockenden, jedoch nicht einlösbaren Versprechungen zu machen. Es will auch keine falschen und unerfüllbaren Hoffnungen wecken. Vielmehr möchte ich Sie auf Ihrem Lebensweg mit einigen wesentlichen Gedanken und bewährten Übungen ein Stück weit begleiten. Mit grundlegenden Einsichten und bewährten Praxishilfen für wichtige Weggabelungen und typische Krisenzeiten möchte ich Ihnen ein persönlicher Ratgeber sein. Wenn Entscheidungen anstehen, oder in Phasen der Muße und Bewusstseinsarbeit, möchte ich Ihnen auf freundschaftliche Weise mit manchen meiner eigenen Erfahrungen zur Seite stehen.

Dass Sie alle Kräfte und Einsichten in sich tragen, davon bin ich zutiefst überzeugt. Sie tragen das große Erbe Ihrer wunderbaren lichtvollen Seele. Nein, mehr: Sie und ich, wir sind die lichtvolle Seele – auch wenn wir das allzu oft vergessen. Nach über siebzig Jahren Lebenserfahrung und gut vierzig Jahren bewusster eigener spirituell-psychologischer Wegarbeit bin ich davon überzeugt, dass Sie und wir alle mit einer inneren Führung auf unserer Seelenreise unterwegs sind.

Es liegt an Ihnen, wie Sie diese Hilfe nennen: das Höhere Selbst, die Engel, die Christuskraft oder einfach geistige Führung. Und doch brauchen wir alle auch immer wieder Zuspruch von außen, liebevolle Ermunterung, verständnisvollen Trost, kleine Impulse oder deftigen Anstöße, um das Leben mit Zuversicht neu anzupacken. Auch dazu soll dieses kleine Buch dienen.

Das Labyrinth von Chartres. Es ist kein Irrgarten! Sondern ein einziger Weg, allerdings sehr verschlungen, der immer weiter vom Eintritt (Geburt) in die Mitte des Selbst führt, zur „erblühten Rose" des erwachten Geistes.

Zeitenwende und persönliche Entwicklung
Wie jeder Mensch, ob wir uns das bewusst machen oder nicht, habe ich sehr viel von anderen Menschen gelernt. Mein Dank an FreundInnen, LehrerInnen und Zeitgenossen und Hinweise auf manche ihrer Bücher finden Sie im Anhang. Aber ein entscheidender Entwicklungsschritt besteht darin, nicht mehr anderen Menschen zu folgen (schon gar nicht blindlings), sondern den Mut zu haben, sich eigene Wege ganz neu zu bahnen und diese zu beschreiten. Wir sind mitten in einer Zeitenwende. Die alten Rezepte, die bisherigen Methoden taugen nicht mehr. Ziele, die bisher wichtig waren, haben sich als oberflächlich erwiesen und dienen nicht mehr als notweniger Ansporn, das Wunder des Lebens ganz individuell und für uns selbst ganz neu zu entdecken und zu entwickeln. Offensichtlich ist dies ja bereits in Wirtschaft und Finanzwesen, Gesellschaft und Religion geworden. Im Gesundheitswesen und im Bereich der Spiritualität erleben wir ähnliche Umbrüche – auch wenn manche noch die Augen davor verschließen.

Meiner Überzeugung nach findet dieser soziale Wechsel hin zu Werten, zur Loslösung von alten und falschen Mitteln, Wegen und Motivationen spiegelbildlich auch statt in den Welten von Seele und Geist, von Psychologie und Spiritualität. Der Bewusstseinswandel wird von vielen der sogenannten LichtarbeiterInnen vorangebracht und selbstverständlich auch von zahlreichen Menschen, die sich gar nicht so bezeichnen würden. Ein Beispiel dafür habe ich 2009 bei einer Konferenz in der Schweiz gehört, die ich moderiert hatte. Geoffrey und Linda Hoppe haben damals Tobias gechannelt, einen jüdischen Weisen, jetzt vor allem Adamus Saint-Germain, und sie sind mit dem Crimson Circle sowohl für den individuellen als auch für den globalen Bewusstseinswandel aktiv engagiert. Sie berichteten, dass sie mit Gruppen von Menschen in den vergangenen Jahren an heilige Plätze, an Kraftorte und Weisheitstempel gereist waren.

Nach Hawaii, wo die Göttin Pele verehrt wird, nach Ägypten zu den Pyramiden, nach Machu Picchu in Peru, nach Camelot in England, in den Himalaya, und so fort. Sie führten besondere Zeremonien durch und baten die Hüter der alten Weisheit darum, von ihnen Führung und Hilfe zu erhalten, spirituelle Initiationen und Aufklärung über die Bedeutung magischer Symbole und Rituale.

An allen Kraftorten wurden sie mit einer Gegenfrage begrüßt: „Seid Ihr bereit, als Lichtarbeiter zu wirken? Seid ihr bereit, Verantwortung für Euch und Eure Erde, für Euer persönliches Wachstum und für Eure spirituelle Entwicklung von Euch selbst sowie von der Gesellschaft zu übernehmen?" Als sie dies bejahten, gaben ihnen die Hüter der alten Weisheit diese Feststellung mit auf den Weg: „Unsere magische Zeremonien, heiligen Rituale, spirituellen Symbole und Wege der Initiation und Transformation dienen Euch heute nicht mehr. Sie würden Euch nichts nutzen, sondern Euch auf Eurem Weg eher behindern. Ihr müsst den Mut haben, neue Mitte und Wege, Methoden und Hilfen zu entdecken und zu entwickeln."

Ein weiterer entscheidender Hinweis war, nicht solange mit der aktiven Lichtarbeit an sich und für die Gesellschaft zu warten, bis man selbst „vollkommen", „heilig" oder „erleuchtet" wäre, sondern im Hier und Jetzt die Persönlichkeitsentwicklung und die Mitverantwortung für die Erde parallel laufen zu lassen. Wobei das Wort „Lichtarbeit" weniger gern verwendet wird, lieber stattdessen die Begriff „Energiearbeit" oder „Bewusstseinsarbeit". Und das alles gilt auch für alte, „offizielle", „anerkannte" und akademisch-fundierte psychologische Methoden, die jetzt nicht mehr funktionieren. Der Psychologe Chuck Spezzano hat seit dreißig Jahren mit der

„Psychologie der Vision" gezeigt, welche alternativen, neuen und höchst wirksamen Wege eine andere, eine spirituelle Psychologie finden kann.

Wir alle fühlen, dass etwas Neues kommt, dass das Alte nicht mehr aufrecht erhalten werden kann. Wir spüren, dass dies EIN Prozess ist, der etwa um die Jahrtausendwende begonnen hat und wohl noch bis etwa 2025 oder 2030 andauert. Und wir alle ahnen vermutlich, dass es dieses Mal wir selbst sind, die etwas tun müssen. Wir können nicht mehr abseits stehen und so tun, als ginge uns der große Wandel nichts an. Oder als ob wir zu klein und zu schwach wären, uns aktiv an den Veränderungen zu einem bewussten Leben und einer gerechteren Welt zu beteiligen. Auch das ist Spiritualität! „Redet nicht, tut etwas" sagte der große Liebende Hermann Gmeiner, der Gründer SOS-Kinderdörfer. Und: „Alle Kinder sind unsere Kinder." Alle Menschen sind unsere Familie, und wir gehören dazu. Sogar und gerade, wenn wir für uns selbst etwas tun, helfen wir damit auch allen anderen.

Auf DIE große „Erleuchtung" zu warten oder zu hoffen, dass man schon sehr bald gaaanz, gaaanz „heilig" wird und es keinerlei Probleme, Blockaden, Herausforderungen mehr im eigenen Leben gibt – das ist schlichtweg naiv. KEIN Mensch, der je in diesem vierdimensionalen Leben auf der Erde ist – drei Raumdimensionen und eine Zeitdimension – wird JEMALS vollkommen, heilig, perfekt sein und ewig gesund leben. Auch Buddha und Jesus nicht, auch Guru X und Heilerin Y nicht …

Aber „kleine Erleuchtungen", ein Hineinwachsen in ein immer umfassenderes, ganzheitlicheres Bewusst-Sein – DAS IST MÖGLICH. Auf DIESEM Weg möchte ich Ihnen gerne ein Begleiter und Freund sein. Jedoch: Gleich, was ich schreibe, sind und bleiben SIE SELBST der beste

„Experte", können Sie selbst Ihr Leben am besten spüren, entscheiden, führen …

In diesem Sinne kann dieser kleine Ratgeber Mut machen, dass Sie Ihre eigenständigen „kleinen Erleuchtungen" im Alltag erfahren und daraus Kraft und Liebe schöpfen, mehr und mehr den Sinn Ihres Lebens zu finden und stärker und stärker anderen Menschen mit Ihrem Licht auf deren Wegen zu helfen. Was Sie hier lesen, sind keine wissenschaftlich abgesicherten Theorien und keine akademisch verbrämten Ansichten, sondern unmittelbare eigene Lebenserfahrung. Sie bekommen kein in sich geschlossenes Weltbild, kein Patentrezept, keine Erfolgsformel, sondern hoffentlich wertvolle und sinnvolle Impulse, die Ihrer Selbstermächtigung und Ihrer Persönlichkeitsentfaltung dienen.

Woran ich glaube
Ich bin davon überzeugt, dass Sie ein strahlendes göttliches Licht sind (und es nicht nur in sich tragen!) – wie wir alle dies sind. Ich bin davon überzeugt, dass Sie Liebe verdienen und selbst Liebe ausstrahlen – wenn Sie sich das selbst gestatten. Ich bin mir schon im Klaren darüber, dass fast alle von uns immer wieder einmal in einem tiefen dunklen Loch stecken. Dass wir uns manchmal verlassen fühlen, wie verraten und verkauft. Dass wir uns müde fühlen, erschöpft. Dass wir an Sinnlosigkeit leiden. Dass es uns schmerzt, dass wir unser inneres Potenzial, das wir ahnen, nicht recht leben (können).

Dass wir uns nicht geliebt spüren – zumindest nicht genügend, und wann würde es denn auch genügen? Dass wir uns manchmal sehr einsam fühlen. Ich möchte Sie bitten, für einige Augenblicke Ihr Herz zu öffnen und zu spüren: Sie werden geliebt. Das Leben liebt Sie – sonst würden Sie nicht leben.

Die höchste göttliche Schöpferkraft liebt Sie inniglich – denn sonst würden Sie sich gar nicht erst nach ihr sehnen können. Ihre Sehnsucht ist ein Anzeichen dafür, dass es diese Kraft gibt und dass Sie sich für das Leben in ihr und aus ihr heraus immer mehr öffnen. Ihre Eltern lieben Sie – auch wenn Sie und sie es nicht immer wissen und spüren. Auf der Seelenebene sind und werden Sie – trotz aller Missverständnisse und Schwierigkeiten – sehr, sehr geliebt. Die Engel lieben Sie. Sonne und Mond lieben Sie; die Luft, der Bach, der Regen, der Wind, die Vögel und Schmetterlinge, ja die ganze Natur, liebt Sie sehr. Und ich liebe Sie auch – obwohl wir uns nicht persönlich kennen. Ich liebe Ihr Licht und Ihren Wunsch nach „mehr", Ihre Sehnsucht nach Heilung und Ihre Suche nach Ganzheit, Ihre Liebe und Ihr Sein. Ihr Licht und Ihre Liebe berühren mich und lassen die Themen und Worte anklingen, die Sie hier lesen. Ich bin Ihnen sehr dankbar dafür, dass es Sie gibt. Ohne Sie wäre das Leben ein wesentliches Stück ärmer, es wäre sogar gar nicht vollständig, ganz und heil.

Dieses kleine Buch wird also geschrieben, weil ich als einer Ihrer unbekannten Seelenfreunde und Wegbegleiter spüre, dass Sie es eigentlich selbst schreiben möchten. Sie schreiben hier sozusagen Ihr eigenes Buch, um Ihrem Herzen und Ihrer Seele zu helfen, Ihre Ziele zu erreichen und eins mit sich selbst und Ihrem Sein zu werden, eins mit der Schöpfung und der Schöpferkraft. Dazu, dass Sie und wir alle aus uns selbst heraus leben, in Verbindung mit dem lichtvollen Sein, und dass wir nicht vergeblich fremden Ideen nachjagen, wünsche ich Ihnen und uns allen Segen!

Herzlich, Ihr
Wulfing von Rohr

PS:
Die meisten unter uns haben oft nicht Zeit zur echten Muße. Deshalb ist dieses Buch so aufgebaut und so geschrieben, dass Sie auch einzelne Kapitel mit Gewinn lesen und die jeweilige Übung durchführen, und dann das Buch auch wieder einmal eine Zeit beiseitelegen können, um später weiter zu machen.

Teil 1

Wo stehst du?

Du bist jetzt *hier*.
Also nimm wahr, was *ist*.

Für diesen ersten von vier größeren Abschnitten unseres Leseweges möchte ich Ihnen vorschlagen, vorurteilsfrei und ganz offen sich selbst gegenüber zu überlegen:
- Wo stehen Sie jetzt in Ihrem Leben?
- Was spüren Sie, ist der Ruf Ihrer Seele, wie Sie Ihr Leben ausrichten möchten?
- Welche überschaubaren nächsten Schritte sollten Sie unternehmen?
- Welche alten Denkmuster und eingefleischten Verhaltensweisen gibt es, die Sie belasten?
- Durch welche Gewohnheiten und Umstände fühlen Sie sich gehemmt und blockiert?

Ja, ich weiß, dass das am Anfang ein bisschen nach Arbeit aussieht und, Ja, es wäre schöner, gleich mit den leichteren zukunftsweisenden Schritten zu beginnen. Aber Sie werden eststellen, dass Sie sich schon mit der ersten Grundübung besser fühlen, leichter und lichtvoller, und dass Sie klarer sehen.

Und außerdem geht es in diesem Buch auch darum, dass Sie Ihre Chancen zur Selbstermächtigung häufiger und besser erkennen und nutzen. Es ist eine symbolische Übung, die indes auch körperlich und emotional sehr wirksam ist.

Der nächste Schritt ist möglich
Grundübung mit 12 symbolischen Schritte zur Klärung und Ausrichtung

Sie können diese Übung im Stehen und in der Bewegung durchführen. Dann wäre es gut, wenn Sie sich den Text vorlesen lassen oder vorher selbst aufnehmen und dann abspielen. Oder Sie führen die Übung rein in Gedanken aus. Dann lesen Sie immer einen Abschnitt, spielen das Gesagt mental durch, und lesen dann den nächsten Text.

Vorbereitung

Stellen Sie sich locker, entspannt und aufrecht hin, in einem Raum, in dem Sie gut 12 Schritte vorwärts machen können. (Wie gesagt: das können Sie auch gedanklich tun.) Denken Sie nun an die Dinge, die Sie derzeit belasten. Atmen Sie zwei oder drei Male tiefer durch. Heben Sie dann die linke Hand und legen Sie symbolisch das, was Sie belastet, links auf einem Haufen ab. Wie fühlen Sie sich nun? Spüren oder denken Sie nach, ob es noch andere Dinge gibt, die Sie doch auch belasten? Heben Sie Ihre rechte Hand hoch und legen Sie diese Dinge für den Moment symbolisch rechts von sich auf den Boden auf einen Haufen. Sie stehen nun also zwischen zwei symbolischen Haufen. Wie fühlen Sie sich?

Keine Sorge bitte: Falls Sie die Haufen doch gerne wieder selbst mich sich herumschleppen würden, können Sie am Ende der Übung ja wieder hierher zurückkehren und Sie sich erneut aufladen.

Nun denken oder fühlen Sie etwas, was derzeit Ihr höchstes Ziel, Ihr schönster Traum, Ihr innigster Wunsch wäre. Erlauben Sie bitte sich die Freiheit zu phantasieren. Und vielleicht kommt Ihnen dazu ein Bild in den Sinn, das diesen Wunschtraum bildlich zum Ausdruck bringt. Sonnenuntergang am Meer, ein See im Sommer, spielende Kinder in der Wiese, ein Lichtengel, Sie selbst mit glücklichem Gesicht – oder etwas anderes, was für Sie stimmig ist. Stimmen Sie sich auf dieses Bild und seine Energie ein.

Lassen Sie möglichst den ganzen Körper und vor allem Füße, Bauch, Herzraum, Schilddrüse und Kopf davon erfüllt werden.

Wie fühlen Sie sich nun?

Stellen Sie sich vor, dass dieses Bild zwölf Schritte vor Ihnen auf Sie wartet. Sie werden jetzt nacheinander zwölf Schritte darauf zu machen. Bei jedem einzelnen Schritt ist eine kleine Übung oder Aufgabe zu erfüllen, damit Sie den nächsten Schritt machen können.

1. Schritt

Machen Sie also einen (wirklich nur einen!) Schritt vom Ausgangspunkt auf das gedachte Wunschbild zu. Bleiben Sie stehen und spüren Sie:

Welche Kraft möchte meine Persönlichkeit zum Ausdruck bringen, um sich wohl zu fühlen, um sich einen angemessenen und kraftvollen Ausdruck zu geben? Welche kraftvolle Schwingung ist bereits in mir, der ich bislang nicht genug Freiraum gegeben habe?

So, Sie haben sicher intuitiv rasch gespürt, um welche Kraft es sich handelt. Entscheiden Sie sich jetzt bitte aus dem Bauch oder Herz heraus für eine einzige, falls Ihnen mehr als eine Kraft in den Sinn kam.

Legen Sie beide Hände auf die Brustmitte und sagen Sie halblaut oder denken Sie: „Ich bin ab heute, ab jetzt bereit, dieser kraftvollen Schwingung in mir mehr Raum in meinem Leben zu geben."

Dann lassen Sie die Hände wieder sinken. Spüren Sie nun, ob sich etwas für Sie verändert hat? Sind Sie aufrechter, gelassener, zuversichtlicher ...?

2. Schritt

Dann machen Sie einen zweiten Schritt nach vorn, auf Ihr Wunschbild zu. – Welche Werte möchte ich besitzen? Materielle, künstlerische, ideelle Werte? Welche Gaben und Talente besitze ich bereits?

Entscheiden Sie sich bitte nur für eine Sache, gleich ob das etwas Materielles oder Ideelles ist. Legen Sie dann wieder beide Hände auf die Herzmitte und entscheiden Sie sich bewusst mit den Worten: „Ab jetzt, ab heute, bin ich bereit diesen Wert ... (einfügen) in mein Leben einzuladen. Ich bin es wert, dass diese Sache ... (einfügen) in meinem Leben existiert und mein Leben schöner und besser macht."

Dann lassen Sie die Hände wieder sinken. Spüren Sie nun, ob sich etwas für Sie verändert hat? Sind Sie zufriedener, glücklicher, zentrierter, ...?

3. Schritt
Nun machen Sie den dritten Schritt nach vorn, stehen und fragen sich:

Wie möchte ich kommunizieren? Wie möchte ich mich selbst ausdrücken? Eher rational oder mehr emotional? Verbal oder durch Haltungen und Handlungen? Und was ist für mich wichtig, wenn ich die Kommunikationen anderer Menschen aufnehme? Die Worte, die Energie ... etwas anderes? ...

Entschließen Sie sich, einen Aspekt in den Mittelpunkt zu stellen. Dann sagen oder denken Sie: „Ich entscheide mich, von jetzt an in der Kommunikation immer wieder auf ... (einfügen) zu achten."

Lassen Sie die Hände fallen und spüren Sie, ob sich etwas in Ihnen bewegt hat? Sind Sie etwas klarer, wacher, bewusster, ...?

4. Schritt
Es ist Zeit für den vierten Schritt. Finden Sie Ihre persönliche Resonanz, die jetzt für Sie stimmig ist, auf diese Frage:

Welches noch nicht gelöste Thema aus meiner Herkunftsfamilie blockiert mich noch dann und wann oder sogar häufig, quasi aus dem Hintergrund? ...

Entscheiden Sie sich nun dazu, das Thema, das Ihnen jetzt am drängendsten vorkommt, aufzulösen. Legen Sie die Hände auf die Brustmitte und entschließen Sie sich: „Ich übergebe ... (Thema einfügen) dem Höheren Selbst, meinen Engel, der Christuskraft. Ich lasse es jetzt vollständig los im Vertrauen, dass die lichtvolle geistige Welt die emotiona1len Verkettungen auflöst und zum Wohle aller Beteiligten eine neue Energie der Liebe und des Lichts in unser Leben tritt."

Wenn Sie das Gefühl haben, das hätte noch nicht so richtig geklappt, dann wiederholen Sie die Sätze oben und fügen hinzu: „Ich verzeihe ... (Namen einfügen) und ich bitte darum, dass mir verziehen wird." Vielleicht fangen unwillkürlich die Tränen an, Ihnen die Wangen hinunter zu laufen. Das wäre ganz okay.

Lassen Sie die Hände wieder fallen und spüren Sie, ob etwas anders ist? Sind Sie weicher, offener, versöhnlicher ...?

5. Schritt

Jetzt machen Sie den fünften Schritt auf Ihr Ziel hin. Welches kreatives Projekt würden Sie in der nächsten überschaubaren Zeit gerne anpacken und verwirklichen?

Beobachten Sie, was sich in Ihnen meldet. Legen Sie dann wieder die Hände auf das Herz und sagen Sie: „Ich entscheide mich dafür, dieses Projekt ... (einfügen) anzupacken und zu verwirklichen. Ich spüre, dass es stimmig ist. Ich fühle, dass ich von Innen und Oben Unterstützung habe."

Wenn Sie das wirklich im Innersten annehmen, dann lassen Sie die Hände wieder sinken und spüren nach: Fühlen Sie sich lichter, „kribbeliger" und aktiver?

6. Schritt

Nun ist der sechste Schritt an der Reihe. Sie überlegen: Welches Thema taucht in meinem Alltag immer wieder auf, das ich klären sollte, damit mein Alltag besser läuft?

Dann entschließen Sie sich: „Ab jetzt werde ich mich morgens, mittags und abends und zwischendurch selbst daran erinnern, wenn das Thema ... (einfügen) auftaucht, es vertrauensvoll dem höheren Selbst, den 20 Engeln oder der Christuskraft zu übergeben."

Spüren Sie nach: Fühlen Sie sich leichter, klarer, leistungsfähiger?

7. Schritt

Zeit für den siebten Schritt. Es geht um einen der grundlegendsten Lebensbereiche. Stellen Sie sich bitte die folgende Frage: Welche meiner Eigenschaften möchte ich ausdrücklicher und intensiver in meine persönlichen Beziehungen einbringen (PartnerIn, Kinder, Eltern, Geschäftspartner)?

Sie nutzen wieder die Bekräftigung durch die Hände auf der Brustmitte und sagen, halblaut oder gedanklich: „Ich werde ab heute meine Eigenschaft ... (einfügen) bewusster und selbstverständlicher leben.

Wenn Sie das verinnerlicht und sich selbst sozusagen erlaubt haben, lassen Sie die Hände fallen und spüren nach. Fühlen Sie sich offen, selbstbewusst, ebenbürtig, ...?

8. Schritt

Nun sind Sie dem gedachten Punkt, wo im Zimmer Ihr Wunschziel ist, schon deutlich näher gekommen. Erinnern Sie sich bitte an Ihr Traumbild, an dessen Energie. Lassen Sie sich jetzt davon erfüllen und inspirieren. Und nun machen Sie den achten Schritt und fragen sich: Welches Thema, welche Person, welchen Wunsch sollte ich jetzt ganz loslassen, um auf leichte Weise weiter bis zum zwölften Schritt zu gehen? ...

Nun sprechen Sie mit vor dem Brustraum aufgelegten Händen: „Ich lasse ... (einfügen) körperlich, emotional und geistig völlig los und entlasse ... (einfügen) vertrauensvoll ins Universum."

...

Lassen Sie die Hände wieder sinken und fühlen Sie: Sind Sie befreiter, aufrichtiger, fröhlicher?

9. Schritt

Sie machen erneut einen Schritt nach vorn und fragen sich: Welches spirituelle Ziel möchte und werde ich in der näheren Zukunft, in den nächsten drei Wochen oder drei Monaten, erreichen?

Unter Zuhilfenahme der Hände bekräftigen Sie dann: „Ich werde ... (einfügen) in den nächsten drei Wochen (bzw. drei Monaten) ... (einfügen) erreichen.

Strahlen Sie unwillkürlich etwas, spüren Sie Vorfreude, sind Sie glücklicher?

10. Schritt

Machen Sie den zehnten Schritt und fragen Sie sich dann: Welche Kraft, die ich in mir trage, möchte ich in der Öffentlichkeit (Beruf, Familie, sonstiger Wirkungskreis) mit einer bewussteren Ausrichtung und erfolgreicher anwenden?

Mit den Händen als körperlich spürbare Verstärkung und Hilfe sagen Sie dann: „Ich werde von heute an ... (Kraft einfügen) mehr in mir und durch mich wirken lassen und zum Wohle aller einbringen und anwenden."

Sind Sie zielstrebiger, bereiter, Erfolg zu haben, selbstbewusster, ...?

11. Schritt

Fast schon am Ziel. Überlegen Sie, nachdem Sie den elften Schritt gemacht haben: Welche Gabe, welches Talent möchten Sie zum Wohle einer kleineren oder größeren Gemeinschaft noch aktiver als bisher einbringen?

Dann entscheiden Sie sich innerlich und bekräftigen das mit den Worten: „Ich werde von nun an immer wieder etwas für die Gruppe einbringen, indem ich … (einfüge) beitrage und verwirkliche."

Spüren Sie, ob Sie jetzt offener sind, die Freude an gemeinsamen Zielen und Idealen mit anderen Menschen zu teilen.

12. Schritt

Jetzt ist der zwölfte und letzte Schritt gekommen. Mit diesem Schritt gehen Sie direkt in Ihr Wunschziel hinein. Spüren Sie, wie Sie mit diesem Schritt die Energie, das Licht, die Freude Ihres Wunschtraums überall um sich herum und überall in sich fühlen. Legen Sie beide Hände sanft auf Ihre Herzmitte und erlauben Sie sich, zu sich selbst zu sagen: „… (den eigenen Namen einfügen), ich freue mich an mir selbst, ich ruhe in mir, ich bin wunderbar."

Lassen Sie diese Schwingung der vollständigen Übereinstimmung von Körper, Geist und Seele mit der eigenen Essenz des strahlenden Wunders Ihres Lebens und Ihres noch viel größeren Potentials in sich fließen. Lassen Sie dieses Licht und diese Freude durch sich hindurch strahlen.

Sagen Sie dann, innig und halblaut oder gedanklich: „Ich fühle diese Energie. Und ich bin selbst diese wunderbare Schwingung. Ich spüre das Licht. Ich bin selbst dieses Licht – und ich leuchte auf sanfte, strahlende, wundervolle Weise."

Scheuen Sie sich nicht, auch Ihre Augen und Ihr ganzes Gesicht leuchten zu lassen. Richten Sie sich innerlich und äußerlich auch in Ihrer wundervollen Schönheit auf. (Sie können ja später, wenn andere Sie sehen, wieder ein miesepetriges oder kummervolles Gesicht machen, damit die Mitmenschen nicht zu neidisch auf Ihr wieder entdecktes inneres Glück werden.) Wenigstens jetzt sollten Sie sich einige Minuten lang an dieser Schwingung erfreuen und tief in sie eintauchen, damit Sie sich später nach Wunsch und Bedürfnis immer wieder daran er-innern können!

Abschluss
Das war eine ziemlich tiefgehende symbolische Seelenreise, nicht wahr? Sie hat nicht nur jetzt etwas bewegt, sondern wird auch noch längere Zeit nachwirken. Vielleicht sind Sie erstaunt oder sogar etwas verwundert oder „erschrocken", dass Sie selbst so viel Glück, Licht, Liebe, Kraft, Vertrauen in sich tragen und spüren. Doch, doch ... so sind wir wirklich alle, wenn wir uns dafür nur etwas häufiger und bewusster öffnen würden.

Atmen Sie nun mehrere Male tiefer ein uns aus. Trinken Sie ein oder zwei Glas Wasser. Gehen Sie spazieren an die frische Luft oder setzen Sie sich gemütlich hin, um richtig zu entspannen. So können die vielfältigen Impulse auf eine Weise nachwirken, wie es für Sie passend ist.

Schreiben Sie sich die zentralen Stichworte zu jedem der zwölf Schritte auf. Es reicht, wenn es zwölf Worte sind; Sie können natürlich aber auch mehr notieren. Wenn Sie am Ende dieses Buches angelangt sind, nehmen Sie sich das Papier noch einmal vor.

Übrigens: Hatten Sie zwischenzeitlich noch an die beiden Haufen gedacht oder Sie ganz vergessen? Und: Wollen Sie jetzt wieder zurück, und sie sich auf den Buckel laden oder in die Taschen stopfen? Vermutlich nicht.

Ein zweites „Übrigens": Es ist besser, dass Sie diese Übung überhaupt durchführen, auch dann, wenn Sie nur wenig Zeit haben. Vielleicht meinen Sie, das sei dann doch nur oberflächlich und würde nichts bringen. Eine verkürzte Übung ist jedoch besser und wird Ihnen doch schon einige wesentliche Impulse geben.

Es ist gut möglich, dass bereits diese Übung ausreicht, um eine wesentliche notwendige Veränderung zu bewirken oder eine wichtige persönliche Entscheidung zu klären. Ich möchte Ihnen auf den nächsten Seiten trotzdem weitere Überlegungen und Übungsmöglichkeiten anbieten.

1.
Wenn die Seele ruft

Botschaften des Lebens:
Wenn Spirit uns durch Krisen, Verluste,
Probleme, Inspiration und Visionen aufmerksam
macht Die Welt ist unser Spiegel. Wie wir in den
Wald hineinrufen, so schallt es wieder heraus.
So, wie wir Gedanken aussenden und
Handlungen ausführen, kommen Menschen,
Dinge und Ereignisse auf uns zurück.
Das ist ja alles wohl bekannt.

Krisen, das sind Zeiten der Entscheidung. Das Wort stammt aus dem Griechischen und bedeutet „Meinung", „Beurteilung" und „Entscheidung". Entscheidung im Sinne einer Zuspitzung.

Krisen sind also Entscheidungssituationen, die einen Wendepunkt markieren. Insofern sind sie wundervolle Möglichkeiten, einen (neuen) Sinn im Leben zu suchen und zu finden. Krisen bieten die Chance auf eine neue Weichenstellung, obwohl oder gerade weil sie meist ja unaufgefordert auf uns zu kommen und uns bedrängen, etwas zu entscheiden, etwas zu tun oder anfangs auch nur, etwas endlich einmal bewusst anzuschauen.

Verlust hat mit verlieren und sich von etwas lösen (müssen) zu tun. Wenn mir meine Geldbörse gestohlen wird, finde ich diesen Verlust nicht so lustig, obwohl das Wort Lust ja in beiden Begriffen steckt, in Verlust und lustig. Wenn Sie etwas verlieren – eine Sache, einen

Menschen, ein Gefühl, eine Fähigkeit, und so fort – ist das immer eine Botschaft. Je größer der Verlust, desto wesentlicher die Botschaft dahinter, scheint mir.

Als mir vor kurzem im Trubel einer Schlussezeremonie von etwa 350 Menschen in einem großen Saal meine Tasche mit Papieren, Pass, Kreditkarte, Führerschein, Adressbüchlein und natürlich auch Geld entwendet wurde (von Außenstehenden, die sich unbemerkt in den Saal geschlichen hatten), fand ich das natürlich nicht so gut. Aber nach sehr kurzer Zeit, nachdem die Karten gesperrt waren, merkte ich, was die Botschaft dahinter war.

Es ging bei diesem Treffen um Leben und Arbeiten in der neuen Zeit. Viele Beiträge hatten mit einer neuen Bewusstseinsform und einer veränderten Lebensführung zu tun. Für mich hieß das ganz deutlich: Du brauchst bzw. bekommst eine neue Identität. Das konnte ich gut annehmen und schon ein bis zwei Stunden später in einer fröhlichen Runde den Abschluss des Treffens mitfeiern. (Am nächsten Tag tauchte bei der Polizei alles minus Bargeld wieder auf.)

Verluste sind so oder so Aufrufe des Lebens, dass wir entweder besser auf etwas achten und aufpassen sollen, oder dass wir uns bereit machen und üben sollen, immer mehr und mehr loszulassen und nur ganz im Eigentlichen und Wesentlichen zu leben. Wie Meister Eckhart sagte: „Seid in der Welt, seid nicht von der Welt."

Problem geht ebenfalls auf die griechische Sprache zurück. Das Wort besteht aus den Teilen „pro" und „ballein" und bedeutet ursprünglich „jemanden etwas zuwerfen". Die Begriffe Ball und Ballon gehen auf „ballein" zurück. Eigentlich ein hübsches Bild, nicht wahr: Ein Problem, ist etwas, das uns zugeworfen worden ist. Von wem? Von anderen, von „außen" oder von uns selbst? Das ist mit diesem Begriff noch nicht gesagt. Auch Probleme unterliegen dem Gesetz der Anziehung. Aber Achtung, damit Sie nicht meinen, damit sei gemeint, dass jeder selber „Schuld" sei, wenn er Probleme hat. Ich glaube vielmehr, dass es drei deutliche Ursachen gibt, warum Probleme im Leben auftauchen:

1. Sie sind der Mensch, der am besten geeignet ist, eine Schwierigkeit zu lösen. Deshalb landet sein in Ihrem Garten. Also nicht persönlich nehmen, sondern als beinahe spielerische Herausforderung, das meisterliche Können der Problemlösung erneut unter Beweis zu stellen. Sie sehen, dass Ihr Partner wiederholt Mühe mit einer Situation oder Tätigkeit hat. Sie empfinden es als eine Belastung, dass er dann immer etwas grimmig aus der Wäsche schaut und missmutig-grummelig ist. Dann ist es eindeutig, dass Sie – weil es ja Ihr Partner ist – der Mensch sind, der hier etwas beitragen kann. Nicht, dass Sie den anderen Menschen ändern könnten; man kann bekanntlich nur sich selbst verändern. Aber wie sie darauf reagieren, haben Sie in der Hand. Sprechen Sie gelassen mit ihm oder lassen Sie sich von der schlechten Stimmung anstecken. Sehen Sie eine sachliche Hilfe oder Lösung, die Sie Ihrem Partner übermitteln. Und so fort ... Gilt übrigens auch für die Arbeit, für das Büro, für das Miteinander unter Kollegen und Kolleginnen.

In diesem Fall ist ein Problem also eine Botschaft vom höheren Selbst, vom Kosmos, aus der Seele – wie Sie wollen – dass Sie bestimmte Fähigkeiten und Verhaltensweisen (noch) stärker aktivieren und nutzen.

2. Unsere Denk- und Verhaltensmuster ziehen immer wieder die gleichen Umstände an – bis wir sie andern. Die Gedanken sind nämlich tatsächlich frei, jedoch haben sie Konsequenzen! Das ist ja inzwischen weitreichend bekannt. Wenn also wir feststellen, dass wir Problemen nicht begegnen, weil wir sie am besten lösen können, sondern weil wir sie selbst anziehen, dann ist es höchste Zeit, zunächst etwas am eigenen Denken und dann auch am eigenen Verhalten zu ändern.

Ein sehr einfaches Beispiel: Wenn Sie sich im Haushalt immer wieder blaue Flecken holen, ist das ein klares Signal, wacher durch den Tag zu gehen. Da stimmt etwas an Ihrem „Programm" nicht und deshalb ziehen Sie immer wieder blaue Flecken an. Analog trifft das auch zu für Menschen und Situationen. In diesem Fall sind Probleme ebenfalls Botschaften der Seele, Weckrufe, nämlich, etwas an sich selbst und der Lebenseinstellung zu verändern.

3. Das angebliche Problem bläst sich auf, macht sich fett und breit und schwer, um etwas zu verbergen: Ihre Fähigkeiten, Ihre Talente, Ihre Gaben, Ihre Göttlichkeit! Wenn wir Probleme betrachten wie Steine, die wir aufheben oder zur Seite rollen müssen, um darunter einen wahren Schatz zu entdecken. Der amerikanische Psychologe Chuck Spezzano hat dazu umfassende Forschungsarbeiten geleistet, u.a. mit seinem Buch und Kartenset „Heilung der Seele".

Nehmen wir an, ein Problem taucht auf, dass Sie ganz verzweifelt macht. Sie drehen sich in Ihren Gedanken wie im Kreis. Sie haben keinen Elan, eine Entscheidung zu treffen aus Angst, etwas falsch zu machen. Dann sollten Sie bei diesem Ansatz überlegen, welche höhere Kraft unter diesem Problemberg verborgen sein könnte. Vielleicht steckt in Ihnen Urvertrauen, dass der Himmel bzw. die Engel helfen werden. Oder Sie entdecken, dass Sie sich in einen Fluss der Energien einlassen können und gar nicht Sie, sondern andere sich um das Thema kümmern müssen. Oder Sie finden zu Ihrer Entscheidungskraft, ohne große Gewissensbisse einen Weg des weiteren Handelns auszuwählen und ihn zu beschreiben. In diesem Fall sind Probleme demnach Botschaften der Seele, hinter sie zu blicken, unter ihnen nach dem zu suchen, was Ihr Sein, Ihre Essenz, Ihre Göttlichkeit wirklich ausmacht.

Inspiration ist eine Beseelung, ein Einhauchen von „spiritus", das ist Leben, Seele und Geist. Allgemein meinen wir mit Inspiration eine geistige Kraft, die Neues hervorbringt, Ideen oder Pläne, und die so spirituelle Impulse gibt. Inspirationen kommen im Traum oder in der Tagträumerei, während der Meditation oder eines Rituals. Wichtig ist offenbar, dass der Mensch „einen Gang runterschaltet", dass die normale Alltagsplauderei im Kopf etwas langsamer von statten geht, dass wir körperlich, geistig und seelisch entspannt sind. Inspirationen sind eine Art und Weise, wie die Seele bzw. das höhere Selbst uns auf etwas hinweist, zu einer anderen Sicht aufruft oder den Anstoß für einer neuen Verhaltensweise gibt.

Wie bei manchen „positiven" Botschaften der Seele besteht die Gefahr, dass wir Inspirationen abtun als Einbildung, als Traumtänzerei. Wenn wir ihnen jedoch Raum im Leben geben, werden zahlreiche Schwierigkeiten gar nicht mehr in unserem leben auftauchen.

Vision hat mit Sehen zu tun, mit dem Anblick von etwas. Visionen können reale, wenn auch nicht rational erklärbare Erscheinungen sein, wie zum Beispiel Jesus dem Saulus vor Damaskus erschien. Hildegard von Bingen und viele Mystiker aus Ost und West haben immer wieder von Visionen berichtet, bei denen sie innerlich oder auch äußerlich übersinnliche Wahrnehmungen hatten. Denken wir nur an die Marienerscheinungen von Fatima, Lourdes und anderen Wallfahrtsorten.

Visionen können auch innere Bilder einer eigenen Vorstellung sein, vielleicht Wunschbilder, Traumbilder, also nicht reale Projektionen. Unter Umständen sind „unechte" Visionen Sinnestäuschungen, Halluzinationen oder Bilder, die aufgrund einer psychischen Belastung oder Krankheit entstehen. Aber selbst solche visionären Schauungen und ihre Bilder haben sind Botschaften der Seele. Vor allem die jungianische Tiefenpsychologie hat den symbolischen Wert solcher Bilder als Zugang zum Verständnis der Seele und zu ihrer Heilung seit langem erkannt.

So oder so, ob es sich nun um echte mystische Visionen oder um psychisch bedingte Bilder handelt, sind Visionen auf jeden Fall ein Ruf der Seele. Wer sie bewusst erfährt, und nicht als einen Aspekt einer psychischen Belastung oder Störung, wird durch Visionen in ein völlig neues Welt- und Menschenbild geführt und zu einer verwandelten Lebensweise. Die Literatur über Nahtoderlebnisse und ihre Folgen gibt dafür gute Beispiele. Durch das visionäre Erleben lichter anderer Dimensionen des Seins verändert sich das Leben oft vollständig.

Fazit 1: Inspirationen und Visionen sind willkommene Signale für Möglichkeiten und Chancen. Obwohl Sie ein sehr großes Entwicklungspotenzial in sich tragen, besitzen sie jedoch auch eine andere Eigenschaft: sie laden nur ein, sie zwingen nicht. Sie sind wie ein Flüstern der inneren Stimme, wie ein sanfter Hauch aus Engelsebenen, die eine neue Dimension von Denken und Fühlen öffnen. Aber es liegt ganz bei unserer geistigen Wachheit, ob wir sie wirklich wahrnehmen und diesen intuitiven Eingebungen dann auch folgen.

Fazit 2: Krisen, Probleme und Herausforderungen sind ebenfalls Botschaften der Seele. Auch sie beinhalten Hinweise, ob, in welchem Bereich und wie wir etwas verändern können und sollen. Und sie „zwingen" uns durch Leidensdruck, früher oder später auf etwas aufmerksam werden zu müssen.

Dass sie „unfreiwillig" sind, dass sie uns zunächst eher belasten oder verschrecken, sollte deshalb nicht dazu führen, dass wir sie abweisen oder verdrängen. Wenn Sie Krisen und Probleme willkommen heißen, verwandeln sich diese rasch von vermeintlichen Bedrohungen zu echten Segnungen. Vielleicht hilft Ihnen die folgende Übung, sich bewusst zu machen, wie sehr Sie bereits gewachsen sind, wie stark sie sich verändert haben, wie viel deutlicher Sie auf die Botschaften Ihrer Seele gehört haben.

Spiegelübung

Nehmen Sie alte Fotos von sich selbst in die Hand. Solche, die Sie als drei- oder vierjähriges Kind zeigen. Entdecken Sie in den Augen dieses kleinen und unter Umständen inzwischen sehr fernen Kindes ein Leuchten? Eine Freude am Leben? Entdeckungslust? Liebe?

Schauen Sie sich Bilder von sich an als Teenager. Welche Energie spricht aus den Fotos? Lebenslust? Auflehnung? Erwachende Individualität, die nach Orientierung sucht? Vielleicht haben Sie ja noch Bilder von sich aus vier oder fünf entscheidenden Lebensstadien. Es geht nicht darum, sich in nostalgischen Betrachtungen oder sentimentalen Gefühlen zu verlieren. Vielmehr wird in Ihnen eine Bewusstheit dafür entstehen, wie diese Fotos Ihren persönlichen Lebensweg, ihre menschliche Entwicklung schlaglichtartig beleuchten.

Vertrauen Sie Ihrer eigenen intuitiven Führung und Weisheit dabei, wie Sie etwas auffassen und einordnen. Sie stellen fest, dass Sie einen längeren Teil Ihres Lebenswegs bereits durchmessen haben und eine unbekannte weitere Strecke noch vor Ihnen liegt.

Mit welcher geistigen Einstellung, in welcher Bewusstseinshaltung möchten Sie diese vor Ihnen liegende Strecke angehen?

Mit welchem Herzgefühl möchten Sie sich auf das unendliche Hier und Jetzt, auf den Zauber der vielen Augenblicke Ihres Lebens einlassen, das gerade nun von Neuem beginnt? Die folgende Spiegelübung kann Ihnen vielleicht einige schöne Impulse vermitteln.

Stellen Sie die Fotos ein paar Tage lang in einer zeitlich passenden Reihenfolge auf, in der Nähe oder bei einem Spiegel. Es wäre gut, wenn Sie einen neuen, sauberen Spiegel verwenden.

Alte, angelaufene, gesprungene oder antike Spiegel eignen sich für diese Übung nicht so gut, weil sie meist noch Energien in sich tragen, die Ihren Blick unmerklich trüben bzw. verändern. Früher wurden Spiegel in manchen Kulturen mit einem Tuch verhangen, wenn sie nicht benutzt wurden, damit sie keine unerwünschten Schwingungen speichern würden. Säubern Sie den Spiegel mit einem weichen, fusselfreien Tuch. Sie können ihn mit kreisförmigen Bewegungen im Uhrzeigersinn reinigen. Ein paar Tropfen Zitrone hilft. Dann stellen oder setzen Sie sich vor den Spiegel, wie es bequemer ist. Schauen Sie kurz auf die vier oder fünf Bilder von sich und rufen Sie sich die Energien in Erinnerung.

Nun blicken Sie in den Spiegel und schauen sich unverwandt in die Augen. Möglichst, ohne viel mit den Augenlidern zu zwinkern. Allerdings sollen Sie sich auch nicht verkrampfen beim Schauen. Blicken Sie in die Tiefe Ihrer Augen – damit beginnen Sie, in die Tiefe Ihrer Seele zu schauen. Stimmen Sie sich dabei bitte auf die Schwingungen und die Potentiale ein, die Sie mit Zuversicht und Lebensfreude erfüllen, die lichtvoll und erhebend sind. Fahren Sie damit einige Minuten fort und entdecken Sie immer mehr, wie viel Schönes, Gutes und Göttliches in den Tiefen Ihrer Augen und Ihrer Seele beginnt, aufzustrahlen.

Es kann sein, dass Sie lächeln oder sogar lauthals auflachen. Oder Tränen beginnen zu fließen – Tränen der des Berührtseins, der Dankbarkeit, der Gnade.
Zum guten Abschluss verneigen Sie sich vor sich selbst. (Ich weiß, dass das anfangs „albern" klingt, aber probieren Sie bitte trotzdem aus, sich auch selbst zu ehren.)

Diese Spiegelübung können Sie z.B. eine Woche lang jeden Tag einmal durchführen, wann es für Sie stimmig ist. Dann sind Sie sicher bereits in einem sehr guten Kontakt zu Ihrem Innersten. Danach vielleicht einmal in jeder der vier Jahreszeiten oder dann, wenn eine Herausforderung eine solche Rückbindung (Re-ligion!) zur Stärkung des Lebensmuts und zu Aktivierung der eigenen Kräfte nahelegt.

2.
Vergiss es, lass los:

Wenn Karma Krampf wird,
wenn das Leben stockt.
Wenn alte Glaubensmuster wie vermeintlich
unerbittliches Karma oder angeblich
unauslöschbare Erbsünde
und so fort uns ernsthaft blockieren.

Ein sehr wesentlicher Schritt der spirituellen Persönlichkeitsentwicklung ist die Befreiung des Denkens, Fühlens und Handelns von solchen alten Mustern, die falsch oder überholt sind, die seelisch bedrücken oder geistig einengen. Für Menschen, die von einem beschränkten Christentum geprägt sind, wirkt die merkwürdige Lehre von der sogenannten Erbsünde belastend.

Die Vorstellung, dass ohne eigenes Zutun, ohne eigene Fehler, eine schlimme „Sünde" uns das ganze Leben lang wie ein Mühlstein am Halse hängt oder an den Füßen und uns unweigerlich immer wieder in die Tiefen des ewigen Verderbens zu ziehen droht, wenn wir nicht ständig fromm sind und zumindest etwas heilig tun ... einfach absurd, oder nicht?

Für Menschen, die sich den fernöstlichen Weisheitslehren zugewandt haben, schlüpft die Karmalehre aber auch vielleicht in die Rolle, welche in Europa die Erbsünde gespielt hat oder noch spielt. Ein vermeintlich unerbittlich starres Karma aus Leben, die Tausende von Jahren vorbei sind, legt dann angeblich fest, wer was hier tut oder lässt. Karma soll dann für Mord und Totschlag verantwortlich sein, für Hunger und Not? Doch auch ziemlich absurd, nicht wahr? Daneben gibt es als meist unbewusstes Fundament unseres Bewusstseins auch Welt und Menschenbilder, wie das zwanghaft hierarchische Denken usf.; darauf gehe ich im 4. Kapitel ein.

Beide Begriffe – Karma und Erbsünde, und was sich mit ihnen verbindet – möchte ich nun näher betrachten. Das hat den Sinn, dass wir uns zunächst einmal klar werden, was diese Begriffe bedeuten können und danach um so selbständiger in der Entscheidung sind, welchen Stellenwert das, was sie bedeuten, in unserem Leben einnehmen sollen.

Vorab sei deutlich gesagt: Solange eine Vorstellung, ein Muster, ein Denkschema hilfreich sind, solange solche Modelle psychologische Sicherheit und mentale Klarheit vermitteln, habe ich nichts dagegen einzuwenden. Wenn sie jedoch die freie spirituelle Selbstentfaltung und das Seelenwachstum behindern, wenn sie die Öffnung für höhere Dimensionen und größeres Licht blockieren, dürfen wir sie getrost ad acta legen.

Wenn Sie den folgenden Wissensteil zum Thema Erbsünde überspringen möchten, kein Problem.

Erbsünde im Judentum
Im Judentum wird die Vertreibung von Adam und Eva aus dem Garten Eden nicht als Beginn einer zwangsläufigen und erblichen Sünde gesehen. Die Ausweisung aus dem Garten Eden und die weiteren Folgen zeigen das Bild der Welt, wie sie ist, und werden im Judentum als Maßnahmen verstanden, die das materielle, nicht aber das spirituelle Leben der Menschen betreffen. Allerdings ist durch den Verzehr der verbotenen Frucht der „böse Trieb" in den Menschen geraten, der seitdem in jedem Menschen vorhanden ist und ihn in seinem Handeln beeinflusst.

Die hebräische Bibel weist auch in keiner Erzählung, in der das Volk Israel fehl geht, auf die Vertreibung Adams und Evas aus dem Paradies hin. Nicht der Ort, wo etwas geschah bzw. geschehen sein soll, spielt eine Rolle, sondern die Fähigkeit des Menschen seinen „bösen Trieb" zu überwinden.

Die entscheidende jüdische Aussage darüber, was die Seele ist, lautet: Die menschliche Seele ist ein Funke Gottes und somit völlig rein. Wenn der Mensch aber sündigt, verunreinigt er seine Seele. Empfindet er jedoch aufrichtige Reue und vollzieht er die Umkehr, das heißt, fasst er den konsequenten Entschluss, diese Sünden nie wieder zu begehen, so kann seine Seele wieder rein werden. Denn Gott ist barmherzig und vergibt Sünden. Hätten Adam und Eva ihre Sünde bereut, dann hätte Gott auch ihnen vergeben. Die Sünden der Vorfahren haben in der Regel keinen Einfluss auf die Seele des Menschen, denn er war nicht an ihnen beteiligt. Es wäre ja offensichtlich ungerecht, ihn dafür verantwortlich zu machen. Die jüdische Religion ist sehr stark auf das „Gesetz" hin orientiert.

Wenn ein Mensch indes die Sünden seiner Vorfahren fortsetzen würde, und zwar mit einer noch stärkeren Intensität, als sie sie getan haben, würden diese Sünden auch ihm zugerechnet. Aber auch das hat nichts mit dem Ort des „ersten Sündenfalls" zu tun, darum gibt es in dieser Hinsicht keinen direkten Bezug zum „Garten Eden". Eine „Erlösung" im christlichen Sinne ist hier gar nicht nötig, weil es eben keine Erbsünde gibt. Jedoch warten die Juden auf die Erlösung durch den Moschiach, den Messias, der sie aus dem irdischen Exil erlösen wird.

Erbsünde im Christentum
In den Evangelien sprechen weder Jesus Christus noch die Verfasser der Evangelien vom Sündenfall Adams, dessen Fehler Jesus angeblich rückgängig machen müsste. Es gibt einige deutliche Aussagen über die Verderbt-

heit der Welt, die man auf die spätere Erbsündenlehre beziehen könnte (vgl. Joh. 1,9–11; 8,44).

Der Apostel Paulus von Tarsus, der Jesus persönlich ja nie begegnet ist, sondern durch eine Erscheinung vor Damaskus bekehrt wurde, entwickelt eine ganze Theologie der Sünde und eine damit zusammenhängende Menschensicht. Sie wird zur Grundlage der späteren Erbsündenlehre. Paulus setzt darin Adam, den ersten Menschen, der für die ganze Menschheit steht, gleich mit dem „zweiten Adam", Jesus Christus, der für die neue Menschheit steht. So wie aufgrund der Sünde des Ersten Adam die Menschheit dem Tod ausgeliefert war, wird sie aufgrund der Erlösungstat des Zweiten Adam aus diesem Tod errettet: Durch einen einzigen Menschen kam die Sünde in die Welt und durch die Sünde der Tod, und auf diese Weise gelangte der Tod zu allen Menschen, weil alle sündigten. (Röm 5,12) Die Erbsünde stellt ein spezifisch christliches, aus dem Erlösungsbegriff hergeleitetes Dogma dar, das im Judentum kein direktes Vorbild hat. Diese Position ist konsequent, da das Judentum keinen sicheren Begriff von der Auferstehung des Fleisches bzw. dem ewigen Geschick der Menschen hat.

Erbsünde im Islam
Im Islam gibt es keine Erbsünde. Zwar erinnert der Koran (Suren 7,19–25; 2,35–39; 20,117–124) an den Sündenfall und die Vertreibung aus dem Paradies (Gen 3,1–24), doch übernimmt er nicht die paulinische Lehre von der Erbsünde (Röm 5). Laut Koran wird demjenigen vergeben, der seine Taten aufrichtig vor Gott bereut und um Vergebung bittet. Nach islamischer Auffassung ist jeder einzelne Mensch nur für seine eigenen Sünden verantwortlich.

Erbsünde beim Kirchenlehrer Augustinus und bei Luther
Die von Augustinus formulierte Lehre von der Erbsünde ist zentral für das westliche Christentum. Ohne Freiheit

kein Verdienst: Trotz der Erbsünde könne der Mensch sich zum Guten entscheiden, jedoch nur mit Hilfe der Gnade Gottes. Da der Mensch an die Zeit gebunden ist, ist Reue und Vergebung während der Lebenszeit möglich. Aus der Erbsünde als „Mangelzustand" ergibt sich die Notwendigkeit der Erlösung des Menschen, die durch die Menschwerdung (Inkarnation), Kreuzigung und Auferstehung Jesu Christi möglich wurde. Aus diesem Grund spricht der Apostel Paulus von Christus als dem neuen Adam. Diese Erlösung findet der Mensch durch das Sakrament der Taufe, da der Getaufte nicht mehr der Erbsünde unterliegt. Gleichwohl verbleibt er in der sterblichen Welt mit den Folgen der Erbsünde behaftet. In ihm (Adam) haben alle gesündigt, heißt es in der Bibel Diese Übersetzung führte Augustinus, der als Vater der ausdrücklichen Erbsündenlehre gilt, zu seiner Auffassung der Vererbbarkeit von Sünde.

Im Verständnis Luthers ist der Mensch immer schon im Zustand der Sünde, der das eigene Handeln von Anfang an negativ beeinflusst. Selbst das neugeborene Kind ist nach diesem Verständnis sündig und bedarf daher der Erlösung.

Erbsünde im Katholizismus
Aus katholischer Sicht zieht sich der Mensch durch den Sündenfall Adams das Missfallen Gottes auf sich, da der Mensch die übernatürliche Ausstattung der Gnade verloren hat. Der Mensch kann ohne Gnade durch seine guten Handlungen keine übernatürliche Vollkommenheit verdienen. So ist er, von seiner Empfängnis an, schon im Mutterleib im Zustand der Erbsünde, was dazu führt, dass der Mensch zum Bösen neigt und der Verstand nicht mehr das Gute erkennt. Auch die Sinne verhalten sich nicht mehr, wie die Übernatur dies verlangt. Die Erbsünde ist in der Auffassung der katholischen Kirche Sünde in analogem Sinn: „Sie ist eine Sünde, die man ‚mit erhalten', nicht aber begangen hat, ein Zustand, keine Tat."

Papst Benedikt XVI. versteht die Erbsünde nicht im Sinne einer biologischen Vererbung, sondern betont die kollektiven menschlichen Verstrickungen der Vergangenheit, in die jeder Mensch durch seine Geburt eintritt. Diese schränken die Selbstbestimmung ein und geben den Rahmen der eigenen Freiheit vor: Niemand hat die Möglichkeit, an einem perfekten „Punkt Null" anzufangen und sein Gutes in völliger Freiheit zu entwickeln. Der Ausweg aus der Erbsünde wird im Kreuzestod Jesu Christi und der damit verbundenen Erlösung gesehen.

Erbsünde im orthodoxen Christentum
Nach Ansicht der Orthodoxen Kirche wurde die Folge der Sünde Adams, der Tod, auf seine Nachkommen vererbt und versklavte damit die gesamte Schöpfung. Die Angst vor dem Tod wird in einem „Teufelskreis" zur Hauptursache weiterer Sünden. Menschen haben aber auch nach dem Sündenfall noch ihren freien Willen und sind immer noch fähig zu guten Taten. Da der Mensch nach dem Sündenfall nicht mehr zu Gott kommen konnte, kam Gott in Christus zu den Menschen und versöhnte die Menschen so wieder mit sich. Es wird dabei betont, dass der Mensch mit Gott wieder versöhnt wurde und nicht Gott mit dem Menschen.

Andere Auffassungen
Nach Auffassung einiger Mystiker ist die Erbsünde die Unfähigkeit, sich mit der göttlichen „Urenergie" eins zu fühlen, da das menschliche Ich den Blickwinkel auf einen kleinen Ausschnitt der Realität begrenzt und die Entfremdung vom All-Einen bewirkt. Der Tod Jesu ist daher für einige Mystiker der Archetyp des Ich-Todes und die Verkörperung der menschlichen Auferstehung. Der Begriff des Ich-Todes darf nicht mit Selbstlosigkeit verwechselt werden, da es sich hierbei um einen intensiven Akt der Hingabe an das Seiende handelt. Die Stärke der Hingabe wird nach der Lehre christlicher Mystiker durch

Kontemplation und der Zenlehre durch Meditation erlangt. Beide Methoden sind nach Ansicht mancher Religionswissenschaftler im Wesentlichen deckungsgleich. Auch die indischen Yoga-Wege können zur mystischen Einheitserfahrung führen. Es sind spontane mystische Erlebnisse einiger Menschen bekannt, die von der Einheitserfahrung ohne systematische Vorbereitung plötzlich überwältigt werden. Ein solches spontanes Erlebnis kann, je nach den Umständen, den betroffenen Menschen in tiefe Verwirrung stürzen. Diese esoterisch-mystischen Deutungen der Erbsünde widersprechen der traditionellen kirchlichen Dogmatik und zeigen andere Auslegungen der überlieferten Lehre durch Vermittlung des erfahrbaren Sinngehaltes. In der Philosophie und Psychologie wird die Erbsünde in der negativen Disposition des Menschen gesehen. Die Lehre der Erbsünde findet sich in Schopenhauers Philosophie wieder. In Die Welt als Wille und Vorstellung begreift er den Weltwillen als ewig schuldigen.

Sigmund Freud meinte, dass die Lehre von der Erbsünde griechisch-orphischer Herkunft sei. Diese Lehre wurde, meinte er, in den antiken Mysterien erhalten und fand von dort aus Eingang in die Philosophenschulen des griechischen Altertums. Nach diesem Exkurs in die Geschichte der Erbsünde zurück zu praktischen spirituell-psychologischen Überlegungen dazu.

Das symbolische Bild von Adam und Eva, dem Paradiesgarten und dem Sündenfall, bietet eine unüberschaubare Vielzahl von Metaphern und Deutungsmöglichkeiten. Berufenere haben darüber geschrieben, zum Beispiel Eugen Drewermann.

Einen Gedanken möchte ich hier jedoch vorstellen. Vielleicht kennen Sie ihn schon. Ich finde ihn sehr erhellend und er führt den Begriff der Erbsünde als vermeintliche Erbschuld aller Menschen ad absurdum.

Im religiösen Bild vom Garten Eden handelt es sich um einen allwissenden Schöpfer, der Adam und Eva erschafft. Er weiß also auch schon vorher, dass jedes seiner Geschöpfe einen freien Willen auch verwenden wird. Damit nun dennoch seine Absicht erfüllt wird, „verbietet" er Adam und Eva etwas, nämlich von einem bestimmten Baum zu essen. Damit weist er selbst erst auf diese Möglichkeit hin, er stellt die Weichen so, wie es seinem Schöpfungsplan entspricht. Der Mensch als Träger des ewigen göttlichen Funkens von Licht, Liebe und Einheit wird durch Entfaltung und Entwicklung in Raum und Zeit, durch die Erfahrung von Begrenztheit, zur bewussten Sehnsucht der Wiedererlangung von Einheit geführt. Der Osten nennt das „leela", das göttliche Spiel. Im Scherz versteckt sich eine Mutter, das Kind muss sie suchen und ist sehr glücklich, wenn es seine Mutter wieder findet.

Sünde, das ist, neutral und nicht moralisch oder religiös gesprochen, Absonderung, Abtrennung, Verlassen der Einheit. Ja, alle Menschen befinden sich in dem Zustand der Vereinzelung, der Absonderung von der Ganzheit. Die meisten von uns empfinden die Chance zur Individuation jedoch erst einmal als einen großen Segen. Der Einzelne kann endlich sagen, „Ich bin!"

Sicher ist da zunächst das Ego gefragt, das kleine Ich, das überleben will. Die „Sünde", nämlich eine Absonderung, gibt es aber nur dann, wenn der Einzelne sein „Ich bin" als Höchstes oder Einziges in der Welt betrachtet, wenn er die Gesamtheit und ihre Ganzheit nicht mehr oder noch nicht erkennt. So gesehen mag man ja von einer „Erb-Absonderung" sprechen, von der Grundvoraussetzung jeder Sache, die entstanden und jedes Lebewesens, das geboren wurde: vom Herausfallen oder Herausgehen aus einer unbekannten Ureinheit. Nur ist das keine moralische Schuld, das ist keine Sünde. Sondern wohl menschennotwendige Vorbedingung, um die bewusste Einheit zu suchen und sie als Beglückung zu erleben. Kann man das mit der Entwicklung eines Babys vergleichen, das aus einem eher unbewussten Einheitsbezug zur Mutter herauswächst in die Individualität und später auf andere Weise das Gefühl der liebevollen Einheit wieder suchen wird?

Ein Fazit: Die Vorstellung einer Erbsünde ist in der Geschichte von interessierten Kirchenkreisen immer mit Schuld- und Moralvorstellungen verknüpft worden. Die Kirchenlehren von Schuld und Moral dienten weniger der humanistischen Bildung und Erziehung als vielmehr dem eigenen Machterhalt.

Wenn ein anderer bezichtigt werden kann, er trage Erbsünde und Erbschuld mit sich herum, kann man ihn leichter beherrschen. Wer sich selbst als klein, nichtig, schuldig, sündig sieht, wird nicht aufbegehren gegen Aufträge und Forderungen, Ausbeutung und Zwangsmaßnahmen. Insofern hat die Vorstellung der Erbsünde, wenn man ihre praktische historische Wirkung betrachtet (nicht ihre religiös-philosophische theoretische Begründung) dazu beigetragen, ein kollektives Gefühl von Schuldigkeit zu erzeugen, dass im Hinterkopf der meisten Menschen immer noch wirksam ist. Wer eine Gefahr erkannt hat, kann Möglichkeiten finden, sich vor ihr zu schützen. Wer nicht weiß, was ihn unbewusst beherrscht und lenkt, kann auch nichts daran verändern. Es ist Zeit, höchste Zeit, dass wir alle Reste von Schulvorstellungen einer angeblichen ererbten Sündigkeit von uns ablegen oder abwerfen!

Auch die zweite bedeutende Vorstellung, die für unser spirituelles Denken zunehmend eine Rolle spielt, die Karmalehre, ist ein zweischneidige Angelegenheit.

Was ist Karma?
Wir pflanzen einen Apfelbaum und erwarten uns eines schönen Tages saftige Äpfel. Wir stecken voller Vorfreu-

de Sonnenblumenkerne in die Erde und erhoffen uns hochgewachsene, gelbleuchtende Sonnenblumen. Wir steigen in unser Auto ein und gehen ganz selbstverständlich davon aus, dass wir damit auf der Straße von hier nach dort fahren können. Wir stiegen in ein Segelboot und erwarten natürlich, dass wir damit über den See schippern können. Wenn wir jetzt zu viel essen oder zu viel Alkohol trinken, werden wir uns später unwohl fühlen.

Wenn wir uns regelmäßig in der frischen Luft Bewegung verschaffen, werden wir uns wohler fühlen. Wenn wir zu einem Schuster gehen, erwarten wir, dass er unsere Schuhe repariert, beim Bäcker erwarten wir, dass wir Brötchen bekommen ... Es gibt offensichtlich einen Zusammenhang zwischen dem, was wir gestern getan haben und dem, was heute passiert.

Was heute geschieht, hat eine Auswirkung auf morgen. Vergangenheit, Gegenwart und Zukunft hängen auf meistens recht deutliche, manchmal jedoch auf verborgene Weise miteinander zusammen.

„Was Du säest, das wirst du ernten," sagte Jesus nach dem Neuen Testament. Ein bekanntes physikalisches Gesetz lautet: „Auf jede Aktion erfolgt eine Reaktion." Wenn wir einen Ball an die Wand werfen, springt er zurück.

All diese Beispiele – Ihnen selbst fallen sicher unzählige weitere ein – weisen auf das Gesetz von Ursache und Wirkung hin. Dieses Grundgesetz der Natur ist ein Prinzip des gesamten Lebens. Nach diesem fundamentalen und immer gültigen Gesetz richtet sich einfach alles in der Welt der Materie, in diesem ganzen Kosmos, in den Dimensionen von Raum und Zeit.

Karma ist ein Begriff, der das Grundgesetz von Ursache und Wirkung in einem Wort zusammenfasst. Das Wort Karma stammt aus der altindischen Sprache, die wir Sanskrit nennen. Das Wort mit der Wurzel kri = tun bedeutet so viel wie Tat, Handeln und Wirken. Swami Vivekananda nennt als einen der wichtigen spirituellen Übungswege den Karma-Yoga. Er meint damit eine bewusste Lebensweise, bei der die Aktion und das richtige Tun, das rechte Verhalten und das selbstlose bzw. egolose Handeln des Menschen eine zentrale Rolle spielt.

Wie jedes Naturgesetz wirkt auch das Gesetz von Ursache und Wirkung, das karmische Gesetz, völlig gleich, ob Menschen daran glauben oder nicht. Die Schwerkraft funktioniert überall auf der Erde, ob wir wollen oder nicht. Äpfel fallen immer aus der Höhe vom Baum auf den Boden herunter, gleich, ob die Bäume mit dem reifen Obst in Europa, Asien oder Amerika stehen. Karma ist aber mehr als ein Wort. Als geistiger Begriff bezeichnet Karma eine Theorie bzw. Philosophie, die erkennt, dass das Gesetz von Ursache und Wirkung nicht nur im Bereich des Körpers und der Materie gilt, sondern auch auf der Ebene der Psyche, des Gemüts und der Gefühle, der Gedanken und des Verstands, und sogar auf der Ebene der Seele. Das ereignet sich nicht nur in der Privatsphäre, sondern auch auf der Ebene von Gesellschaft und Politik.

Warum missachten oder quälen wir Angehörige anderer Hautfarbe, Religionszugehörigkeit, Sprache und so fort? Weil unser Gemüt uns vorgaukelt, dass sie nicht nur „anders" seien, sondern irgendwie „schlechter" und „unwerter" als wir selbst. Warum jubeln wir Angehörigen unserer Gruppe zu, sei es im Krieg oder auf dem Sportplatz? Weil unser Gemüt uns vorgaukelt, dass wir und unsere Gruppe „anders" und „besser" seien. Wir übersehen meistens die Ursachenketten, die von bestimmten Gedanken und Gefühlen zu entsprechenden Worten und Taten führt. Denken wir an den Wahn der Hitlerideen oder an andere Gräuel, die erst sehr klein in den Gedanken einiger Menschen anfingen, allmählich Verbreitung fanden und dann zu schlimmsten Folgen führten. Verfolgung und Terror sind keine Naturereignisse, sondern Konsequenzen eines fehl geleiteten Denkens und eines herz- und seelenlosen Gemütszustands.

Handlungen sind die Folge von Worten und Gefühlen sowie Gedanken, die ihnen vorausgehen. Erst, wenn ich innerlich aus dem Gleichgewicht gerate und mich über meine/n Partner/in ärgere, und erst wenn ich disharmonischen Gedanken und Gefühlen Raum gebe, sie durch entsprechende Worte womöglich noch verstärke und verhörte, kommt es zu herzlosen Taten. Würden wir uns selbst einen Finger mit einem Beil abhacken? Würden wir uns selbst mit einem Messer in den Bauch stechen? Natürlich nicht, wenn wir bei Bewusstsein und Verstand sind. Gegenüber anderen Menschen haben wir jedoch ein Denken, dass wir sie als getrennt von uns betrachten, als anders, als fremd.

Wir haben noch nicht begriffen, dass alle Menschen und auch alle anderen Lebewesen Ausdruck einer großen schöpferischen Kraft sind. In allen Wesen wirkt dieselbe göttliche Energie oder Lebenskraft. Wenn wir diese Betrachtungsweise der Einheit der Menschen und Lebewesen nun zum Fundament unseres Denkens und Fühlens machen, dann werden nach dem Gesetz von Ursache und Wirkung auch unsere Worte und Taten rücksichtsvoller, problemlösungsorientierter und sogar liebevoller sein. Wenn wir darüber hinaus beginnen, nach dem Sinn des Lebens zu suchen, nach der Wahrheit oder nach echtem Glück, wenn wir anfangen, nach Gott zu suchen, dann wird die Ausrichtung unseres Denkens und Fühlens nach dem karmischen Gesetz ebenfalls entsprechende Wirkungen haben.

Der römische Philosoph Cicero wusste: „Der Ursprung aller Dinge ist klein." Augustinus stellte fest: „Die Sache haben sie gesehen, die Ursache haben sie nicht gesehen." Was manche Menschen für Zufall halten, hat nach der

Karmalehre immer irgendwelche Ursachen, und seien sie noch so unscheinbar oder unsichtbar. „Die Menschen haben sich im Zufall ein Trugbild geschaffen, eine Ausrede für ihre eigene Torheit." Das meinte der griechische Denker Demokrit. Und der französische Philosoph Voltaire schrieb: „Zufall ist ein Wort ohne Sinn; nichts kann ohne Ursachen existieren."

Die Karmalehre geht also davon aus, dass jeder Gedanke, jedes Gefühl und jede Tat eine Ursache darstellen, deren Wirkung – und sei sie noch so geringfügig – eines Tages zum Urheber in der einen oder anderen Form zurück kehrt. Aus der modernen Naturwissenschaft kennen wir die Überzeugung, dass Energie nicht verschwinden, vernichtet oder aufgelöst werden, sondern nur ihre Erscheinungsform verändern kann.

Genauso verhält es sich mit den Energien, die wir in Form von Gedanken, Gefühlen und Taten entwickeln. Karma ist abhängig von der Körperlichkeit, in der eine Seele lebt. Je grobstofflicher, materieller der Körper ist, desto gröber und materialistischer auch ihr Karma. Die menschliche Seele ist von mehreren Hüllen oder Körpern umkleidet. Sie hat sich mit ihnen so identifiziert, dass sie nach den Gesetzen jeweils der Hülle agiert, mit der sie sich am meisten identifiziert.

So weit, so gut oder schlecht. (Wäre es nicht schön, dass Dinge passieren ohne Ursache. Als Wunder. Oder sind da Sehnsucht oder Gebet vielleicht die Ursachen?) Mike Dooley ist mit seinem Motto „Gedanken werden Dinge" ja ganz mit diesem „Karmaprinzip" verbunden. Aber es gibt eine Seite der Karmphilosophie, die problematisch ist, die Menschen fixiert. Wir erleben, dass ein Kind mit einer Behinderung geboren wird. Die christliche Auffassung sagt, dass sei „Gottes unerforschlicher Ratschluss" oder dergleichen.

Die Karmalehre behauptet, dass ein Fehlverhalten in irgendeinem früheren Leben, vielleicht zig oder hunderte

Leben zurück, die Ursache für die Schwierigkeiten heute sei.

Zwar „konsequent" aber unbarmherzig zu Ende gedacht besagt die Karmalehre (wie das leider auch manch andere Denkschulen tun), dass das Opfer selbst schuld daran sei, wenn Übergriffe passieren, wenn ein Täter gewalttätig wird. Sogar der Mord eines Menschen durch einen anderen ist dann „Karma". So zieht einerseits leicht Fatalismus ein, eine Form der „Selbstentmächtigung", und andererseits Herzlosigkeit, weil man ja nichts am Karma ändern kann bzw. die Menschen die angeblich „selbst verursachte" Schuldigkeit und das daraus folgende angeblich „selbsterzeugte" Leid und „zu ihrer Entwicklung" „brauchen". (Ich kann kaum so viele Anführungszeichen setzen wie nötig, damit Sie ganz sicher wissen, dass ich diese Auffassungen nicht teile.)

Eine spezielle Spielart der Karmalehre besagt, dass wir uns nie aus dem ewigen Kreislauf von Ursache und Wirkung heraus lösen können, weil schlechte Taten eben schlechte Leben und gute Taten gute Leben als Konsequenz nach sich zögen. Den Folgen von Leben und Tun aber, also der ewigen Wiedergeburt, könnten wir nur durch Eingreifen von Erlöser-Meistern entrinnen. Und damit sind neue Marionetten-Muster vorprogrammiert. Spätestens hier – bei der Zuweisung von eigener Schuld aus den Tiefen der früheren Lebenszeiten bzw. bei der Ansicht, nur fremde Hilfe könnte uns erlösen – werden uns die Grenzen dieser Sichtweise aufgezeigt.

Eine ähnliche Betrachtung gibt es auch, wenn heute in esoterischen Kreisen behauptet wird, wir suchten uns unsere Eltern selbst aus. Dabei übersieht man geflissentlich, dass sich dann doch wohl unsere Eltern auch uns aussuchen. Dass es also wechselseitige Verknüpfungen gibt. Auch sie lassen sich keineswegs mit einem Schlichtsatz oder einem neuen Dogma einfach wegerklären.

Ein Fazit: *Unerbittliches Karma ist eine Fiktion!* Als ein Erklärmodell unter anderen, warum es in der Welt so aussieht, wie es aussieht, mag es ja viele Menschen zufrieden stellen. Aus diesem fernöstlichen (und wohl auch im antiken Griechenland bekannten) Konzept aber abzuleiten, dass wir alle willenlose Opfer von Karma sind, die aus dem ewigen Kreislauf nie heraus kommen, entspricht in seiner Wirkung der Vorstellung einer Erbsünde, die Menschen schon von Geburt an zu Sündern stempelt.

Es geht mir nicht um „Selbsterlösung" als falsche Ego-Manie. Aber sehr wohl darum, dass wir sowohl die Möglichkeiten der eigenen Selbstverwirklichung sehen und nutzen als auch die Grenzen unseres rationalen Wissens akzeptieren. Als Fernsehjournalist für ARD und ZDF mit gut zwanzigjähriger Erfahrung (bevor ich ganz in die Spiritualität „abgedüst" bin) kann ich für mich nur sagen: Wenn ich keine gesicherten Tatsachen kenne, um mir eine Meinung zu bilden, bilde ich mir lieber gar keine. Ich verstehe weder Gottes ach so „unerforschlichen Ratschluss" noch ein angeblich „unerbittliches Karma". Ich glaube auch nicht, dass es das eine oder das andere so gibt. Gerne gebe ich zu, dass ich keine bessere plausible Erklärung habe und kein besseres Denkmodell anzubieten weiß. Deshalb lasse ich mich dennoch nicht in Denkstrukturen einmauern, die so offensichtlich inhuman sind wie beide dieser Philosophien.

Soweit sie eine Brücke darstellen, schön. Wenn sie anfangen, einzuengen und zu bedrücken, nein danke!

Was können wir tun, um uns von starren, überholten Denkmustern, von geistigen Schablonen, von bedrückenden Vorstellungen zu lösen? Bei Alla Svirinskaya, einer in London berühmten russischen Heilerin, habe ich eine simple, doch wirksame Übung dafür gefunden.

Ballonübung:
Altes abgeben und loslassen

Diese Übung findet sich auch im Buch „Deine geheime Kraft", das ich ins Deutsche übersetzt hatte (siehe Literaturverzeichnis im Anhang). Ich darf sie Ihnen hier mit freundlicher Genehmigung des Allegria-Verlags in leicht abgewandelter Form vorstellen. Die Übung klingt fast zu einfach, ähnlich wie die Energieübung mit dem „yes", um wirklich etwas zu lösen.

Aber sie funktioniert tatsächlich, unter der Voraussetzung, dass Sie bereit sind, sie auch durchzuführen. Sie hilft, alte Dinge, Blockaden, Belastungen, „klebrige Energien", Erbsündenvorstellungen, Schuldmuster, Karmabrocken oder Karmakrümel und so fort, aus dem gesamten grob- und feinstofflichen System loszuwerden. Sie löst alte und dunkle physische, emotionale sowie metaphysische Energien auf. Alla Svirinskaya weist darauf hin, dass Menschen, die diese Übung durchführen, unter Umständen auch erleben, dass sie physische Schlacken und Giftstoffe ausscheiden. Daher ist es wichtig, viel gutes klares Quellwasser (Mineralwasser ohne Kohlensäure) zu trinken, nicht zu kalt, aber auch nicht zu heiß, vielleicht mit einem Spritzer Apfelessig darin.

Sie brauchen dazu ein Päckchen Luftballons, gleich welcher Größe und Farbe, und eine Nähnadel.
- Blasen Sie einen Ballon langsam und achtsam auf. Mit jedem Ausatmen in den Ballon hinein atmen Sie auch alle unangenehmen Gefühle und Erinnerungen in ihn hinein, die Sie aus Ihrem Organismus, Ihrer Gefühlen und Gedanken, aus Ihren Chakras und Ihrer Aura bzw. aus astralen Dimensionen Ihrer Persönlichkeit loswerden möchten.
- Wenn der Ballon ganz aufgeblasen ist und voll mit all Ihrem „Zeugs" und „Kram" und „Störfaktoren" und „alten Karmaresten", verknoten Sie ihn.

- Nehmen Sie nun den Ballon in eine Hand und die Nadel in die andere. Schließen Sie die Augen, atmen Sie ganz natürlich und versuchen Sie, sich eine Situation in Erinnerung zu rufen, die Ihnen viel Leid gebracht hat oder Sie sehr belastet. Das sollten Sie sich so lebendig als möglich vorstellen, bis Ihre emotionale Anspannung darüber fast unerträglich geworden ist. Warten Sie bis zum Augenblick, wenn Sie davon fast überwältigt werden und dann erst, aber nicht vorher, lassen Sie den Ballon durch einen Nadelstich platzen.

Überlegen Sie bitte nicht zuvor, wann Sie den Ballon platzen lassen wollen. Das sollte vielmehr wie von selbst geschehen, ganz spontan. Wenn Ihnen das gelingt, werden Sie eine eindrucksvolle Reaktion erleben. Der plötzliche und eben nicht geplante Knall des Ballons, der zerplatzt, löst negative Energien restlos auf und löscht damit auch alle feinstofflichen Blockaden aus Ihrem System und Ihrer Aura auf. Sie können diese Übung ruhig ein paar Tage später wieder machen, wenn Ihnen ein weiteres Thema auffällt, dass Sie belastet und blockiert. Ich habe keine persönliche Erfahrung damit, wie es wäre, diese Übung häufig durchzuführen. Allerdings kann ich mir vorstellen, dass eine Gewöhnung oder die Anwendung dieser Ballonübung als „magisches Mittel" eher nicht so anzuraten wäre. Mir scheint aber ein Aspekt besonders wichtig zu sein: Sind wir tatsächlich bereit, das, was „zerplatzt", sich auch ganz auflösen zu lassen? Oder versuchen wir, doch noch wieder das eine oder andere zurückzuholen? Wenn Sie bereit sind, die Vergangenheit wirklich loszulassen und sich dazu innerlich selbst die umfassende Erlaubnis geben, dann brauchen wird es sogar reichen, einfach in die Hände zu klatschen und dabei zu sagen oder zu denken: „Vorbei, ich lasse los. Auf Nimmerwiedersehen. Ich bin von ... jetzt ganz frei!"

PS: Einige Nachsätze. Vielleicht meinen Sie, „na ja, da macht es sich der Wulfing aber sehr einfach, zu einfach.

Nur mit einem symbolischen Ballon, der platzt, alles auflösen, abgeben, loswerden ..." Es kann ja sein, dass Sie diese Übung bei ein und demselben Thema mehrmals wiederholen müssen. Jedoch geht es auch nur darum, falsche oder überholte Gedankenmuster aufzulösen. Und die sind ja schließlich auch mal irgendwann in Sie hinein gelangt. Als Gedanken. Deshalb können Sie sie auch in Gedanken wieder auflösen. Probieren Sie es aus. Sie werden schon nicht geistig abstürzen. Sie verlieren keinen echten Halt. Das, was Sie wirklich trägt und wer Sie wirklich sind, wird umso deutlicher für Sie spürbar und erfahrbar. Was es ist, finden Sie selbst heraus. Dass muss und vor allem kann ich für Sie ja auch noch nicht einmal beschreiben, geschweige denn, Ihnen zeigen oder geben.

3.
Was hemmt dich?

Ansehen, was ist.
Entscheiden, was sein soll.

Sind Sie mit Ihrem Leben zufrieden? Sind Sie glücklich? Sind Sie so Sie selbst, wie Sie es gerne sein möchten, wie Sie es sich in Ihren kühnsten Träumen ausmalen? Na klar, das wird wohl jeder Mensch sagen: „Och, ich könnte ruhig etwas mehr Energie, mehr Klarheit, mehr Elan im Leben vertragen."

Was hat dazu geführt, dass Sie und ich uns heute gehemmt fühlen, wie wenn wir oft mit halber Kraft laufen, auf drei statt auf vier Zylindern durchs Leben tuckern? Angefangen haben wir doch, wie fast alle Neugeborenen, mit einem kräftigen Schrei, mit viel Verve, mit einem unbändigen Drang zu leben, zu erfahren, uns zu bewegen. Was ist seither passiert? Und wie viel von der Energie, mit der wir einmal gestartet sind, haben wir heute noch?

Bei Chuck Spezzano habe ich viel gelernt. Seine Ansätze „Es muss einen besseren Weg geben" (so heißt auch eines seiner Bücher) und „Der nächste Schritt ist möglich", die sich beide auf den „Kurs in Wundern" und auf hawaiianische Kahuna-Lehren beziehen, haben für mich und viele andere Menschen echte kleine Durchbruchserfahrungen ausgelöst, sozusagen „kleine Erleuchtungen". Aus diesen Erfahrungen möchte ich Ihnen eine wichtige Frage näher bringen. Die Frage danach, wie viel von Ihrer ursprünglichen Lebensenergie, mit der Sie mal hierher auf die Erde gekommen sind, noch vorhanden ist.

Diese Frage und Ihre Antworten werden deutlich machen, warum wir uns häufig blockiert, halbiert oder sonst wie gehemmt fühlen. Nehmen Sie sich fünf Minuten Zeit, setzen Sie sich irgendwo gemütlich hin, zuhause, im Café. Oder machen Sie einen kleinen Spaziergang in einem ruhigen Park oder weit fort in der Natur. Nehmen wir an, jeder Mensch startet mit 100 % Lebensenergie, Liebesenergie, Lebensfreude ... Mit einem hundertprozentigen JA! zum Leben.

Denken Sie nun an Ihre frühe Kindheit, so zwischen Geburt und etwa sechs Jahren. Gab es da Ereignisse, die dazu geführt haben, dass Sie in Ihrem Lebenselan gedämpft, eingeschränkt oder gedrückt wurden? Weil sich die Eltern gestritten haben, weil Sie das Gefühl bekamen, nicht genügend willkommen und geliebt zu sein. Wenn Sie das aus dem Bauch heraus wissen und sagen könnten (und geben Sie sich jetzt die spielerische Erlaubnis dazu): Wie viel Prozent Ihrer Lebenskraft und Lebensfreude ging damals irgendwie verloren? Gab es in der Zeit damals Ereignisse, die Ihre Energie wieder aufgebaut und verstärkt haben? Was schätzen Sie, ist die „Bilanz" dieser frühen Kindheit? Energie gewonnen, Energie verloren, bei 100 % geblieben?

Als Nächstes denken Sie an Ihre erste Schulzeit, so zwischen sechs oder sieben Jahren bis zehn oder elf Jahre. Tauchen Bilder auf, die Sie an Situationen, Mitschüler und Erlebnisse erinnern, wo Sie sich allein gelassen, gehänselt, schlecht beurteilt oder sonst irgendwie verloren gefühlt haben. Wie viel Lebensenergie hat das damals gekostet? Gemessen an der prozentzahl, mit der Sie nach dem ersten Abschnitt in diese Zeit hineingegangen sind? Gab es Umstände, die Ihre Lebenskraft und Lebensfreude aktiviert haben, die Sie wieder aufgebaut haben? Wenn Sie schätzen, was Ihre Energie- Bilanz ist mit etwa zehn bis elf Jahren, wo stehen Sie dann?

Denken Sie dann an die Zeit der Pubertät zurück, ab den Teenagerjahren ... Überlegen Sie analog auch für diese Spanne, welche Erfahrungen – zum Beispiel erste Liebe als aufbauende Kraft, erster Liebeskummer als schlimme Erfahrung, die die Lebensfreude und Lebenskraft vermindert und unterdrückt, die das Herz springen lässt – zu welcher Energiebilanz führen. Es geht nicht darum, das akademisch exakt festzustellen, sondern ein Gefühl dafür zu bekommen, mit wie viel Energie wir jetzt in diesen Wochen, Monaten und Jahren durchs Leben „segeln".

Führen Sie dieselbe Einschätzung für die weiteren vier oder fünf wichtigen Lebensabschnitte durch. Wenn man das verfeinern will, kann man auch überlegen, nicht nur, wie viel Energie man gewonnen bzw. verloren hat, sondern wie viel Energie unmerklich „versickert" ist, wie viel Energie zerstreut wurde.

Am Schluss haben Sie eine Prozentzahl – vielleicht 70 % oder 30 %; manche auch Menschen auch nur 10 %. Immer gemessen am hundertprozentigen JA! zum Leben, mit dem die meisten Menschen auf dieser Erde ankommen.

Ziemlich ernüchternd, nicht wahr? Und das erklärt oft auch, warum wir uns im Alltag häufig als lustlos und antriebslos empfinden, warum nichts recht weiterzugehen scheint, warum wir bisweilen wie in einer feinen grauen Nebelwolke dahinleben. Was machen wir aber nun mit dieser Einschätzung und dieser Erkenntnis, vor allem dann, wenn die Zahl ziemlich klein ist? Es gibt kaum eine Chance, psychologisch-analytisch alles aufzurollen und durchzuarbeiten. Das ist jedoch auch nicht notwendig. Ich schlage Ihnen eine absolut einfache Übung vor, die nichts kostet, rasch geht und sehr, sehr wirksam ist, um Hemmungen aufzulösen. Auch tiefe unterbewusste und unbewusste Blockaden lassen sich so auflösen. Ich habe es selbst ausprobiert und bei vielen anderen Menschen miterleben dürfen..

Energieübung: Das große Ja!

Bevor ich Ihnen die Übung sage, müssten Sie sich bitte aber überlegen, ob Sie bereit sind, Ihre Lebenskraft und Lebensfreude wirklich zu aktivieren, wieder aufzubauen und zu stärken oder nicht. Das ist keine rhetorische Frage! Sehr viele Menschen sagen zwar und behaupten steif und fest, sie wollten ein besseres und schöneres Leben führen, sind aber im Herzen und im Bauch nicht dazu bereit, praktisch sofort anders zu sein. Sie halten an alten Mustern und vertrauten Sorgen und Ängsten lieber fest, als sie einfach loszulassen und dem Neuen, der Liebe und dem Licht Raum zu geben.

Also: Sind Sie bereit, sich sofort, schon in den nächsten drei Minuten, viel viel besser zu fühlen? Auch dann, wenn die Übung megasimpel ist? Okay ...

Sagen Sie fünfzig bis einhundert Mal hintereinander, langsam, deutlich, gut hörbar (Sie können ja irgendwohin gehen, wo andere Menschen Sie nicht sehen und nicht hören): Yes, yes, yes, yes, Ja, ja, ja: so einfach ist es! Sie müssen nur „den Mut" aufbringen, diese „alberne" Übung auszuprobieren, sie auf die Probe zu stellen. Und sich damit selbst eine neue Chance für das Ja zum Leben zu geben.

Bei einem Bewusstseinssymposium der Lebenskraft in Zürich, wo ich moderiert und übersetzt habe, hat diese Übung für Hunderte von Menschen gewirkt, sie wird auch für Sie wirken. Wie und warum, kann uns gleich sein. Das Ja zum Leben – der verstorbene Lebenslehrer K.O.Schmidt nannte es „Das große Ja!" – ganz allgemein, unspezifisch, ungerichtet, baut unsere Lebenskräfte auf herrliche Weise wieder auf, füllt unser Energiereservoir, lässt ein Lächeln um unsere Mundwinkel spielen, klärt die Augen und lässt die Seele wieder fröhlicher tanzen. Wir fühlen uns leichter und spielrischer, positiver und kraftvoller. Amerikaner empfehlen übrigens, nicht „ja" zu gebrauchen, sondern das englische „yes". Probieren Sie aus, was für Sie selbst am stimmigsten ist. Vielleicht sind Sie bereit, jeden Tag mit drei Minuten „ja" zu beginnen. Es wirkt Wunder!

Ansehen, was ist: Ein Mangel an Energie, Lebensfreude, Lebenskraft? Dann nichts wie hinein in das Große Ja. Entscheiden, was sein soll: Entscheiden Sie sich neu für das Leben. Für sich selbst. Für Ihre Selbstermächtigung. Für Ihr Freisein von Erbsünde und Karma, von Familienmustern und Ahnenthemen.

Entscheiden Sie sich für Ihr Leben!

Haben Sie Hilfe dabei? Ja, durch die Engel und Ihr höheres Selbst, von Gott und allen guten und lichten Geistwesen. Mike Dooley hat mal auf die Frage danach, wie viele Engel der Mensch hätte, als Sprachrohr des Universums geantwortet: „Alle. Sie haben darauf bestanden, dass sie alle bei jedem Menschen sind." Jetzt braucht's also nur noch Ihr eigenes entschiedenes Ja!

Teil 2

Was prägt dich?

Glaubensmuster, Gewohnheiten
und Wirklichkeit

Goethes Einsicht

Kein Wesen kann zu nichts zerfallen,
Das Ew'ge regt sich fort in allen,
Am Seyn erhalte dich beglückt!
Das Seyn ist ewig, denn Gesetze
Bewahren die lebend'gen Schätze
Aus welchen sich das All geschmückt.
Das Wahre war schon längst gefunden,
Hat edle Geisterschaft verbunden,
Das alte Wahre fass'es an.
Verdank'es, Erdensohn, dem Weisen
Der ihr die Sonne zu umkreisen
Und dem Geschwister wies die Bahn.
Sofort nun wende dich nach innen,
Das Centrum findest du da drinnen
Woran kein Edler zweifeln mag.
Wirst keine Regel da vermissen,
Denn das selbstständige Gewissen
Ist Sonne deinem Sittentag.

Johann Wolfgang von Goethe
Vermächtniß
Anfangsstrophen

4.
Pyramide, Chaos oder Lichtkugel?

Modelle als prägende Muster von Bewusstsein und Handlungsweisen, die jedoch meist völlig unbewusst sind.

Neben den Mustern wie Erbsünde und Karmalehre gibt es ein drittes unglaublich prägendes Muster, das wir fast immer derart verinnerlicht haben, dass wir seine Wirkung gar nicht mehr bemerken. Es geht um die Vorstellung, dass Leben eine Hierarchie habe. (Ich weiß sehr wohl, dass dieser Begriff ursprünglich so etwas wie „heilige Herrschaft" meinte, aber in der Praxis tut er das schon seit bald zweitausend Jahren nicht mehr.) Mir scheint das unbewusste hierarchische Denken eine der Hauptursachen für psychologische Verklemmtheiten, für soziale Schieflagen, für politische Unterdrückung und für spirituelle Beschränktheit und Dumpfheit zu sein. Deshalb möchte ich näher darauf eingehen.

Dreht sich die Sonne um die Erde?
Lange Jahrhunderte meinten Kirche und Sinnesanschauung, dass die Sonne um die Erde kreist. Lange vertraten Machthaber auch die Position, dass die Erde eine Scheibe sei. Es spielte keine Rolle, dass griechische Philosophen und Forscher schon Jahrhunderte vor Jesu Geburt das Gegenteil herausfanden.

Die christlich Beherrschten mussten dennoch glauben, dass sich die Sonne um die Erde drehe. Cuius regio, eius religio, der Untertan hat die Religionswahl seines Oberhauptes nachzuvollziehen.

Unser Weltbild, unsere Sichtweise, die Farbe unserer Brille und unsere Dogmen bestimmen und legen lange Zeit unverrückbar fest, was und wie wir erst einmal überhaupt wahrnehmen, dann, was wir erleben, und schließlich das, was wir als Wahrheit betrachten und verkünden. Zu solchen anscheinend kaum verrückbaren Dogmen gehört die Vorstellung, dass Religion, Metaphysik, Esoterik und Spiritualität nur in Form von Hierarchien gedacht und angestrebt werden könnte.

Die verinnerlichten Hierarchien und das Pyramidenmodell
Hierarchie verheißt Ordnung statt Chaos. Hierarchie bringt ihrem Wesen nach jedoch Machtgelüste mit sich; zudem zieht sie auf Dauer fast immer Machtmissbrauch nach sich. Hierarchien folgen einem Pyramidenmodell. Ganz oben an der Spitze steht ein Mensch (oder ein unsichtbares Wesen) und hat unbeschränkte Macht bzw. Weisheit. Er gilt als erleuchtet bzw. erlöst und übt Macht aus. Bei geistigen Wesen, bei „Gott", nimmt man an, Macht werde auf weise Weise ausgeübt. Bei Menschen an Spitzen von Hierarchien vermutet man das seit den Zeiten von Gottkönigen schon längst nicht mehr. Auch Gurus üben Macht aus, selbst wenn sie das angeblich gar nicht wollen. Unterhalb jeder hierarchischen Spitze gibt es Bannerträger der Idee und Stellvertreter der Macht. Die manchmal „päpstlicher als der Papst" sind, dogmatischer, herrischer …

Im politischen Raum ist uns das hierarchische Modell nach den Katastrophen des zwanzigsten Jahrhunderts mit Hitler, Stalin, Pol Pot, Saddam Hussein, Osama Bin Laden mehr als deutlich geworden. Im Bereich der Wirtschaft meinen wir meist, dass es ohne Hierarchie gar nicht ginge. Auf dem Feld des Glaubens können wir uns etwas anderes sogar noch nicht einmal vorstellen. In Religion und Spiritualität heißt das hierarchische Pyramidenmodell zum Beispiel: Oben ist Gott, die absolute Wahrheit. Darunter bzw. daneben stehen aufgestiegene Meister.

Danach kommen Avatare. Dann „fortgeschrittene" Menschen. Danach wir als das spirituelle Fußvolk. Ein anderes Beispiel, das den meisten vielleicht vertrauter vorkommt: Oben ist der absolute Gott. In einer nicht recht verständlichen „Dreieinigkeit" ist entweder in Gott oder dicht dabei oder drunter Gott-Vater, der Sohn und der Heilige Geist. Dann kommen Maria, die Erzengel und die verstorbenen Heiligen. Spätestens dann kommt das Kirchenoberhaupt, entweder als Stellvertreter Petri auf dem Heiligen Stuhl oder zum Beispiel als Ayatollah, als Dalai Lama oder als Oberrabbiner.

Vielleicht erkennt man dann einige heiligmäßige lebende Menschen nahe der Pyramidenspitze an, oder auch nicht. Dann kommen Kardinäle und Erzbischöfe, Rinpoches oder Rabbiner, und so fort, also Kleriker bzw. Schriftgelehrte. Dann folgen treue gläubige KirchgängerInnen bzw. sonstige AnhängerInnen. Schließlich die „lauen" Getauften oder der Gemeinde sonst wie Zugehörigen, die aber in der Praxis nicht recht mitmachen. Am Ende, vielleicht gar schon außerhalb jeder Heils- und Erlösungschance, die Ungetauften oder die „Ungläubigen". Ganz unten dann diejenigen, welche den Wahrheitsanspruch einer Kirche oder Konfession offen angreifen.

Der Mönch und Zen-Meister Willigis Jäger hat einmal die Analogie zwischen einer Sonnenfinsternis und einer Gottesfinsternis etwa so beschrieben: Bei einer Sonnenfinsternis stellt sich der Mond direkt zwischen Sonne und Erde und es wird damit auch auf jener Seite unseres Planeten dunkel, welche der Sonne zugewandt ist. Was passiert nun, wenn sich eine Kirche oder eine Hierarchie zwischen Gott und den Menschen stellt? Dann wird das

Licht Gottes verdunkelt und das Leben der Menschen verfinstert sich. „Sehet zu, dass das Licht in euch nicht Finsternis sei" und, „Das Licht scheinet in der Finsternis, die Finsternis hat's nicht ergriffen", sagt uns das Johannes- Evangelium.

Drei Arbeiter klopfen Steine

Ein Mann kommt in der Zeit des Mittelalters zu drei Leuten, die in Sichtweite voneinander am Boden rund um Felssteine sitzen und sie behauen. Er fragt den ersten, was er gerade mache. Der antwortet, „Ich klopfe Steine." Er geht zum zweiten und stellt ihm dieselbe Frage. Dieser antwortet, „Ich verdiene mir den Tagelohn für meine Familie." Der dritte sagt dem Fragesteller, „Ich helfe mit, eine Kirche zu bauen." Drei Mal dieselbe Tätigkeit, drei verschiedene Sichtweisen, drei völlig unterschiedliche Lebenserfahrungen, und alle völlig nachvollziehbar und rechtschaffen.

Vermutlich kennen sie eine ähnliche Geschichte von Saint Exupéry. Er schrieb einmal, dass man hungrigen Menschen, die in der Nähe des Meeres leben, nicht Fische kaufen sollte, sondern ihnen vielmehr die Sehnsucht nach dem Meer vermitteln und ihnen dann vielleicht helfen könnte zu zeigen, wie man Boote baut und Netze knüpft.

Reale Vernetzung des Lebens und das Kugelmodell

Gibt es geistige Modelle, die nicht hierarchisch sind? Gibt es Sichtweisen des Lebens, bei denen wir nicht in Ehrfurcht erstarren vor Menschen, die angeblich höhere Einsichten haben oder als Sprachrohr des unsichtbaren Gottes bzw. der Göttin dienen? Gibt es Anschauungen, die uns nicht in unserer eigenen spirituellen Entfaltung lähmen, weil wir uns entweder als zu niedrig oder als zu sündig oder als noch viel zu unentwickelt betrachten (sollen)? Ich möchte Ihnen solch ein denkbares Modell vorstellen. Es erhebt keinen Anspruch auf „Gültigkeit", sondern dient dazu, dass wir uns nach und nach von alten Mustern befreien können (falls wir das wollen). Stellen Sie sich bitte eine Kugel vor. Auf der Oberfläche dieser Kugel gibt es unendlich viele Punkte. Stellen wir uns eine Kugel von der Größe der Erde vor. (Wir wissen, dass die Erde in der physikalischen Wirklichkeit eher eine Art Apfel oder Birne ist.) Auf dieser gedachten großen Erdkugel gibt es praktisch unzählige einzelne Punkte. Und jeder dieser Punkt ist ... ja, er ist tatsächlich der Mittelpunkt der Oberfläche der Kugel. Aber: es gibt nicht nur einen einzigen Mittelpunkt, wie das bei einem Kreis zum Beispiel der Fall wäre, oder zwei wie bei einer Ellipse, sondern es gibt fast unendlich viele. Ein zweites Aber: obwohl jeder Punkt einen Mittelpunkt der Oberfläche darstellt, gibt es unzählige viele Mittelpunkte! Ein aufschlussreiches Paradox, nicht wahr? Übertragen wir diese Modellvorstellung auf uns Menschen.

Stellen Sie sich vor, wir alle als Menschen, als Seele, als Bewusstsein sind zunächst wie Punkte auf der Oberfläche einer Kugel. Damit ist zu Recht jeder Mensch der Mittelpunkt seines Lebens. Um ihn kreist ganz legitim alles! Es ist ganz natürlich, dass jede Seele wie in einem Netzwerk mit anderen verbunden ist. In unserem Modell heißt das: jeder Punkt hat zu allen anderen Punkten eine Beziehung. Zunächst einmal sowieso deshalb, weil sich jeder andere Punkt auch auf der Oberfläche befindet. Dann, weil neben jedem Punkt andere sind, die ihm nahe stehen. Andere sind naturgemäß weiter entfernt. Aber sogar zu den genau gegenüberliegen Punkten hat jeder Punkt eine Beziehung.

Gehen wir noch einen Schritt weiter, schauen wir zum Inneren der Kugel. Jeder Punkt auf der Oberfläche ist ein Mittelpunkt. Gleichzeitig ist jeder Mittelpunkt von der Mitte des Kugelinneren exakt gleich weit entfernt. Etwas, das wiederum wie ein Paradox wirkt, oder nicht?

Jeder Punkt ist Mittelpunkt, aber es gibt fast unendlich viele Mittelpunkte – und das ist kein Widerspruch. Und außerdem ist jeder Mittelpunkt vom Inneren gleich weit entfernt. Stellen wir uns nun vor, dass im Inneren dieser Kugel nicht nur einfach eine Mitte ist, sondern eine wunderbare Quelle von Licht, Leben, Erleuchtung, Weisheit, Glück, Beseligung und so fort ist. Vielleicht nennen wir das auch Gott, das Unaussprechliche, oder anders.

Stellen wir uns – nur als Modell vor, dass die Quelle im Inneren die schöpferische Kraft ist, die in allem Leben wirkt, im Universum und im Menschen, im Himmel und auf der Erde, in der Natur und in geistigen Bewusstseinsräumen. Dann bedeutet das: jeder Mensch ist Mittelpunkt seines Lebens; und jeder Mensch ist der göttlichen Quelle der ganzen Kugel gleich weit bzw. nah. Brauchen wir noch ein Pyramide, ein weit oben und ein tief unten? Brauchen wir Vorbilder in schwindelnder, unerreichbarer Höhe, was dann allzu oft nur zu spiritueller Niedergeschlagenheit führt?

Überlegen wir einen dritten Aspekt, nämlich die unbestreitbare Tatsache, dass es immer wieder Menschen gibt, die leuchtende Vorbilder sind, spirituelle HelferInnen und Heilige oder MystikerInnen. Wie würde das in ein solches Modell passen, dass es doch Menschen gibt, die „weiter" sind, die „entwickelter" sind, liebevoller, selbstloser, vollkommener? Doch, auch das passt durchaus in dieses Modell der Bewusstseinsentfaltung.

Stellen Sie sich einfach vor, dass jeder Mittelpunkt auf der Oberfläche dann, wenn er sich dem Inneren der Kugel zuwendet, von diesem Licht durchleuchtet wird. Vielleicht ähnlich, wie Licht durch Glasfasern fließt und oben am sichtbaren Ende austritt. Stellen Sie sich dann vor, dass manche Glasfaserendpunkte auf der Oberfläche der Kugel kein Licht zeigen, andere etwas heller sind, manche direkt strahlen, und einige wenige so leuchten, dass alles um sie herum in den Abglanz des Lichtes getaucht wird, das aus ihnen bzw. durch sie strömt.

Das Ziel der Bewusstseinsentwicklung wäre dann nicht, an die Spitze einer irgendwie gearteten Pyramide zu gelangen (also nicht, dem Papst oder Oberhaupt oder Meister näher zu sein, oder selber dazu zu werden), sondern so viel Licht wie möglich durch sich hindurch strahlen zu lassen. Und das im tiefen Erfahrungswissen, dass jede andere Seele das genauso könnte, wenn sie sich für die innere Quelle öffnete und in der demütigen, oder besser einfach realistischen Erkenntnis, dass kein Seele weiter von der Quelle entfernt ist als der noch so heiligste andere Mensch.

Hat eine solche Sicht nicht etwas Befreiendes an sich? Um einem Missverständnis spätestens jetzt vorzubeugen, wiederhole ich: Nichts spricht dagegen und alles spricht dafür, sich davon inspirieren zu lassen, dass andere Mittelpunkte auf der Oberfläche heller leuchten als ich selber. Das ist ein wunderbarer Impuls, dass ich mich selbst der Leuchtkraft in mir öffne.

Dafür brauche ich jedoch keineswegs ein (meist unbewusst verinnerlichtes) Pyramidenmodell, ich brauche keine Hierarchie. Und wahre Heilige werden sich übrigens nach meiner begrenzten Kenntnis und Erfahrung auch in der spirituellen Vermittlung nicht als Spitze einer Hierarchie verstehen oder so auftreten, sondern – man sollte sie ruhig beim Wort nehmen – als „Bruder" oder „Schwester".

Selbst ein solches Kugelmodell (und unsere Erde ist ja immerhin in etwa auch eine Kugel, aber keine Pyramide) wird nicht die gesamte Wirklichkeit abbilden können. Und mit dem Pyramidenmodell werden manche Menschen lange Zeit hindurch gut vorwärts kommen und sich davon sicher gestützt wissen.

Das soll nicht klein geredet werden. Ich möchte Sie jedoch ausdrücklich ermuntern, sich Ihre eigenen Gedanken zu machen und Ihre eigenen Modelle zu entwerfen, die dem, was für Sie spirituell wesentlich ist, vielleicht viel näher kommen als diese beiden Modelle. Sie werden zu dem, was Sie für sich selbst für möglich halten, früher oder später, aber ganz gewiss.

Geschlossene oder offene Modelle?
Hierarchische Pyramidenmodelle sind immer in sich „geschlossen". Es gibt da praktikabel nur eine Spitze. Wohin Doppelspitzen in der Praxis führen, ist ja bekannt; Dreigestirne als Leitspitze sind ohnehin noch seltener. Entweder gehört man dazu und arbeitet sich vielleicht hinauf oder hofft auf Gnadenerweise von oben – Stichworte Pendlerpauschale, Rücknahme von Mehrwertsteuererhöhungen, EU-Fragen. Das alles hat tatsächlich seine ganz praktischen Folgerungen. Wir haben ja keine direkte Demokratie, sonst würden ja Volksabstimmungen durchgeführt.

Das Kugelmodell ist im Vergleich dazu viel offener. Da dieses Bild jedoch eine Kugel mit einer letztlich begrenzenden festen Oberfläche beinhaltet, müsste und könnte auch dieses Modell natürlich noch verändert werden, um wirklich offen zu sein. Das soll hier nur angedeutet werden, weil ja der erste Schritt vom Pyramiden- zum Kugelmodell schon groß genug ist und viel Zeit braucht, in den Lebensalltag integriert zu werden.
  Eine offnere Version des Kugelmodells wäre eine bewegliche Blase, wie eine gigantische Seifenblase, die aber in sich stabil ist. Sie dehnt sich aus oder zieht sich zusammen, je nachdem ob mehr oder weniger „Teilchen" (Luft bzw. Oberflächenlauge) dazu kommen. Wie gesagt: an dieser Stelle muss dieser kleine Impuls zum Weiternachdenken ausreichen.

Hierarchie als Stützkorsett –
aber „Gott" ist größer

Der Glaubensruf der Muslime, Allahu akbar, heißt nicht „Gott ist groß", sondern vielmehr „Gott ist größer"! Selbstverständlich ist Gott, die höchste Wahrheit (auch wieder eine Pyramide? Sie sehen, wie sich das im Denken und in der Sprache auswirkt), vielleicht also besser: die innerste Wahrheit – also noch einmal: Sicherlich ist das Unaussprechliche größer als jedes Modell. Natürlich kann kein Modell die ganze Wirklichkeit fassen und abbilden. Wenn wir aber schon auf einem mehr oder minder langen Teilstück unseres Bewusstseinsweges Krücken brauchen, dann sollten wir solche wählen, die uns beim Gehen oder Laufen nicht noch zusätzlich behindern. Ich weiß inzwischen, dass sehr viele Menschen, auch und gerade im spirituellen Raum, regelrecht Angst davor haben, Hierarchien als Stützkorsett aufzugeben. Mag das in manchen eher seltenen Fällen mit der Sorge zu tun haben, die eigene Machtposition würde erodieren, so handelt es sich vor allem jedoch um eine echte Furcht davor, woran man sich denn würde halten können, wenn es die hierarchische Krücke nicht mehr gäbe. Wer ist dann für mein Leben verantwortlich, wenn ich die Verantwortung nicht mehr „nach oben" abschieben kann? Wer kann mich heilen, mich erlösen, wenn ich das nicht mehr auf einen Menschen oder ein Wesen oder eine Kraft „da oben" projiziere?

Als ich selber erfahren musste, 1984, nach etwa drei Jahren des Zweifels, dass ich einem Scharlatan und Betrüger aufgesessen war, stellte sich diese Frage für mich einmal ganz existentiell. Sollte ich schnell von einem „Schoß", der sich unter dem Deckmantel eines angeblichen spirituellen Auftrages und tatsächlich vorhandener, allerdings eher magischer als rein geistiger Kräfte als Falle und Jauchegrube erwiesen hatte, auf einen neuen „sicheren" Schoß flüchten? Zu einem anderen „Meister"? In eine

„Kirche"? Zu einer „Gruppe"? Ich widerstand solchen bei mir allerdings eher schwachen Impulsen und wandte mich direkt an die höchste Kraft. Ich sprach innerlich mit und zu dieser Kraft, etwa so, „Du weißt, dass ich aus subjektiv lauteren Motiven nach wahrer Spiritualität gesucht habe. Ich bin nicht aufgrund von Partnerschaftsproblemen oder Krankheiten, nicht wegen Arbeitslosigkeit oder aus anderen direkten Nöten und Leiden auf diesen Weg gegangen (so legitim solche Motive als Antrieb immer auch sind!!!), sondern weil ich nach Dir, nach dem Unaussprechlichen gesucht habe. Also werde ich mich jetzt für eine unmittelbare direkte Fühlungnahme und Verbindung öffnen, gleich, wie lange das dauern mag – und das auch, obwohl ich mich jetzt so fühle, als ob ich ins Bodenlose fallen würde."

Ich fiel allerdings nicht, sondern stellte in den Tagen und Wochen und Monaten drauf fest, dass ich eher schwebte. Ich erfuhr, dass es eine unsichtbare geistige Kraft gab (und immer gibt), die mich und jeden anderen Menschen auch dann trägt, wenn er oder sie Zweifel hegt, sich von festen Mustern löst oder sich aus starren Hierarchien verabschiedet. „Unsere Motivation ist unser bester Schutz", pflegte unsere wunderbare liebe Yogalehrerin Anneliese Harf zu sagen. Das durfte ich unmittelbar und immer wieder aufs Neue erleben.

Sicher argwöhnen dann manche durchaus wohlmeinenden und geistig gebildeten Zeitgenossen, dass das alles nur eine Verkleidung des Egos sei, oder schlimmer noch, dass sich dahinter womöglich der Anspruch auf Selbsterlösung verberge.

Als mehrfacher Löwe bin ich mit einem stabilen Ego gesegnet, und kann und will gar nicht wie manche andere so tun, als ob ich super demütig und ergeben heilig wäre. Deshalb nehme ich beide Einwände auch persönlich an und nehme sie ernst. Jedoch falle ich dann doch immer noch lieber auf mein eigenes Ego herein als auf das von anderen, seien es „lebende MeisterInnen" oder „aufgestiegene MeisterInnen" oder auch nur eingebildete.

„Selbsterlösung" funktioniert nicht, meine ich, weil wir als Menschen nicht nur die Beziehung zu Gott, zum Licht, zur innersten Wirklichkeit brauchen, sondern auch das lebendige Vorbild anderer Menschen, um daran und damit zu lernen. Deshalb bin ich selbstverständlich allen Heiligen von Herzen dankbar und möchte von vielen lernen. Das bedeutet jedoch nicht, dass daraus eine Abhängigkeit erwachsen dürfte. Ich war und bin nicht bereit, kritische Bewusstheit „an der Garderobe" abzulegen, auch nicht gegenüber den allerschönsten Idealen und Methoden oder Wegen und Kirchen.

Durch einen geistigen Lehrer, der freie Entscheidung und freien Willen gerade in Fragen der Spiritualität vollständig achtete, erhielt ich wesentliche spirituelle Hilfestellungen, die keine neuen Bindungen mit sich brachten. Inzwischen habe ich auf meinem Weg auch zu Jesus, Maria und den Engel gefunden. Dennoch und gerade aufgrund meiner sehr weit gesteckten persönlichen spirituellen Erfahrungen behalte ich mir weiter vor, kritische Meinungen zu äußern, sowohl gegenüber Kirchenvertretern als auch geistigen Lehrern, und sähen sie noch so hoch gestellt aus. Ich löse mich mehr und mehr aus Hierarchien heraus, auch aus spirituell begründeten, ohne selber neue aufzubauen. Das bedeutet nicht – es sei erneut betont – dass ich mir einbilde, alles allein zu können. Aber ohne die direkte innere, wiederholte und unzweifelhafte geistige Stimme oder sogar Offenbarung muss ich keiner irgendwie gearteten Hierarchie die geistige Verfügungsgewalt über meine Bewusstseinsentwicklung übertragen.

Das Risiko des Lebens
Einige noch persönlichere Worte (deshalb in Du-Form): Wenn du lachst, riskierst du vielleicht, als Narr zu gelten. Wenn du weinst, riskierst du unter Umständen, senti-

mental zu wirken. Wenn du auf einen anderen Menschen zugehst, riskierst du tatsächlich, dich zu engagieren. Wenn du deine Gefühle zeigst, riskierst du, dein wahres Ich zu zeigen. Wenn du deine Gedanken, deine Ziele oder deine Träume mit anderen Menschen teilst, riskierst du vielleicht, sie zu verlieren. Zu lieben bedeutet, immer wieder aufs Neue zu riskieren, dass du nicht wieder geliebt wirst.

Zu lieben heißt, Sterben zu riskieren. Zu hoffen heißt, Entmutigung zu riskieren. Zu versuchen heißt, Misserfolg zu riskieren. Aber: wir alle wissen, dass wir etwas riskieren müssen.

Die größte Gefahr, oder besser eher: die größte Versuchung im Leben ist, nichts zu unternehmen, nichts zu fühlen, nichts zu riskieren, nicht zu leben. Der Mensch, der nichts riskiert, tut nichts, hat nichts und ist nichts. Damit können wir zwar vielleicht Sorgen und Leiden vermeiden, aber wir werden einfach auch nicht lernen, spüren, uns wandeln, wachsen, lieben ... und noch nicht einmal wirklich leben. Wir werden dann durch die vermeintlichen Sicherheiten der Vergangenheit und durch überlieferte Muster gefesselt, die sich in der Wirklichkeit nicht haben bewähren müssen. Wir werden Sklave eines befürchteten Versagens oder der Mittelmäßigkeit. Wir geben unser Recht auf Erfolg und Erfüllung auf. Nur ein Mensch, der etwas riskiert, ist frei, Erfüllung zu finden.

Worauf es ankommt
Lösen wir uns vom rein hierarchischen Denken. Gewinnen wir unsere eigene Bewusstseinskraft zurück – indem wir uns von heller strahlenden Mitmenschen inspirieren lassen, indem wir von integren und kompetenten spirituellen Lehrerinnen und Lehrern lernen, indem wir jede Hilfe auf dem Weg dankbar annehmen. Vermeiden wir dabei aber Dogmen, blinden Glauben oder blinden Gehorsam und die Projektion, dass wir unseren eigenen

Weg nicht selbst gehen müssten, sondern er uns ganz und gar abgenommen werden könnte.

Fraktale oder „Das Mandelbrot-Bäumchen": Ein drittes Modell

Damit wir nicht in der vermeintlichen Polarität eines Gegensatzes zwischen hierarchischen Pyramiden und ganzheitlichen Kugelsphären stecken bleiben, hier noch ein drittes Modell. Der in Warschau 1924 geborene Mathematiker Benoit Mandelbrot hat Strukturen entdeckt und mathematisch beschrieben, die „Mandelbrot- Mengen" oder „Apfelmännchen" heißen. In Computerbildern dargestellt, zeigen Sie faszinierende Strukturen mit sich wiederholenden Elementen. Man nennt diese Formen auch Fraktale. Inzwischen gibt es eine eigene Kunstrichtung, die der „Fraktalkunst". Uns soll hier Folgendes interessieren:

- Diese Fraktale sind sich „selbstähnlich". Mit diesem Fachbegriff meint man, dass sich bestimmte Strukturen in der selben Figur ständig wiederholen. Die Figur enthält viele kleinere Elemente, die der Gesamtfigur ähnlich sind. In der Natur finden wir bei Farnen ein gutes Beispiel dafür.
- So organisch und wunderschön diese Fraktalstrukturen aussehen: Sie sind gänzlich festgelegt. Eine sogenannte deterministische Gleichung, die in sich unveränderbar ist, ist ihr mathematischer Ausgangspunkt, von dem aus dann diese überraschenden geometrischen Computerbilder entstehen.

In die weiteren mathematischen Hintergründe (mit Variablen und Attraktoren, mit nur drei Entwicklungsmöglichkeiten, und so fort) will und kann ich nicht einsteigen. Mir scheint jedoch das Modell der Welt und des Menschen als „fraktale Ausformung" eines großen Ganzen, eines festgelegten Ursprungs, ein sehr interessanter Ansatz zu sein, um weiter darüber nachzusinnen, was das mit uns und unserem Geist, mit unserer Seele, aber auch mit unserem Körper zu tun haben könnte. Sind wir etwa einfach die letztlich einander unglaublich ähnlichen Ausformungen einer „kosmischen Urgleichung".

Sind wir Menschen wie Computerbilder, die auf jedem Bildschirm, an jedem Lebensort, zwar etwas anders aussehen, aber doch auf eine einzige „himmlische Urformel" zurück gehen? Und würde das bedeuten, wenn wir diesen Ursprung und Kern erfasst hätten, wir dann auch die künftige weitere Entwicklung im Voraus wüssten? Sicher fallen Ihnen noch alle möglichen anderen Assoziationen dazu ein. Viel Spaß und viel Glück!

Modellübung:
Pyramide, Fraktal, Kugel

Es gibt bei dieser Übung kein vorher festgelegtes Ziel. Ihr Sinn besteht darin, Sie zur völlig freien Selbstbetrachtung anzuregen. Spüren Sie sich in die Energien der drei Grafiken ein. Welches Bild liegt Ihnen am meisten? Oder gibt es Bereiche, in denen Ihnen das eine Modell und andere Lebenskreise, wo ein anderes Modell am stimmigsten wirkt? Wo im jeweiligen Bild sehen Sie sich selbst? Welche Entwicklungsdynamik spüren Sie? Oder halten Sie inne, ruhen Sie irgendwo in sich, in Stille, in Frieden?

5.
Wenn das Schicksal dunkel aussieht

*Wie du Hilfen finden kannst,
wenn du dich bedrückt fühlst.
Praktische Problemlösungen durch Ebenenwechsel.*

Probleme lassen sich fast nie auf der Ebene lösen, wo sie sich zeigen und auch meist nicht mit den Mitteln, wie sie entstanden sind. Wenn wir ein körperliches Problem haben, können wir zwar unserer Körperintelligenz vertrauen, uns anzuzeigen, warum und wieso. Aber wir brauchen schon unsere mentalen Fähigkeiten und die mentale Ebene, vielleicht auch die emotionalen und spirituellen, um daraus Konsequenzen zu ziehen und unser Verhalten so zu ändern, dass sich die Ursachen für das körperliche Problem auflösen, wir Beschwerden lindern und die Schwierigkeit schließlich ganz beseitigen. Wenn wir unter einem emotionalen Druck leiden, hilft es meist wenig, noch emotionaler, noch gefühlvoller zu werden. Aktive körperliche Bewegung dagegen – Laufen oder Powerwalking, Radfahren oder Schwimmen – hilft, den Druck abzubauen, wieder einen klaren Kopf zu bekommen. Oder einfach in den Arm genommen zu werden (wenn jemand da ist und dieser Jemand das auch spürt).

Ein drittes Beispiel. Wenn wir uns spirituell zu verlieren drohen, wenn wir Zweifel über unseren Weg haben oder einfach „abdüsen", dann hilft nach meiner Erfahrung nicht mehr Meditation, mehr Chanten, mehr Beten, mehr Rituale und so fort, sondern klares Nachdenken und ruhige Gespräche mit mehreren anderen Menschen, auch mit solchen, die nicht auf unserem Weg sind. Die Beispiele ließen sich lange fortführen.

Wichtig ist das, was ich den „Ebenenwechsel" nenne. Ein Wechsel der Ebene schafft räumliche oder zeitliche Distanz und damit auch einen emotionalen und geistigen Abstand. Das hilft, auf harmlose Weise „Dampf abzulassen", einen klareren Kopf und damit auch wieder mehr Übersicht zu gewinnen.

Ebenenwechsel
Drei sehr einfache Möglichkeiten, die Ebene zu verlassen, auf der sich die Schwierigkeiten manifestieren, sind:
- den Ort zu wechseln,
- die Tätigkeit zu ändern,
- in eine andere Zeit zu gehen.

Lassen Sie sich nicht von der Schlichtheit der Maßnahmen dazu verleiten, sie innerlich von vorne herein als wirkungslos und sinnlos abzuurteilen. Probieren sie bitte die drei Ebenenwechsel zumindest jeweils drei Mal praktisch aus, bevor Sie sich ein Urteil bilden.

Ort
Ortswechsel sind schnell gemacht. Wenn Sie bei der Arbeit sind, können Sie auf die Toilette gehen oder zu einer Kollegin ins Büro. Sie brauchen auch nur einmal vom Stuhl aufzustehen, ein paar Schritte gehen und dann wieder zurückzukehren. Wenn Sie zuhause sind, ein Streit liegt in der Luft oder hat schon angefangen, können Sie mal schnell ins Bad gehen oder in die Küche, das Fenster aufmachen und auf den Balkon gehen.

Alles, was Sie auch nur wenige Schritte vom Platz fort bringt, wo Sie gerade sind, wenn das Thema virulent wird, hilft, durch einen noch so kleinen äußeren Abstand auch eine innere Distanz zu gewinnen. Noch besser wäre es, den Tapetenwechsel noch deutlicher zu machen, also zum Beispiel in einen Park oder auf eine

Weise zu gehen, in eine Ausstellung oder auf einen Friedhof. Irgendwohin, wo nicht allzu viele Menschen mit hektischen Aktivitäten anwesend sind, die ihre Energien noch auf sie „draufladen". Es geht ja darum, dass Ihre Energien harmonischer fließen und Sie mehr in sich ruhen. Da aber ein grundlegender Ortswechsel häufig gar nicht möglich ist, helfen die kleineren, für die ich ihnen oben ein paar Beispiele genannt habe, auch schon auf wunderbare Weise.

Tätigkeit
Schwierigkeiten, die bei einer Art von Tätigkeit auftauchen, lassen sich meist rasch überwinden, wenn man die Art der Tätigkeit verändert. Sonst bleiben wir nämlich oft irgendwie in einem Muster stecken und sind wie blockiert. Wir fühlen uns wie in einem Teufelskreis, aus dem wir nicht herauskommen.

Wenn Sie reden, schweigen Sie. Zumindest kurz. Wenn Sie schweigen, reden Sie, wenigstens etwas. Sie können Musik anschalten, Sie können sich etwas zu essen machen oder ein Glas Wasser holen und trinken. Wenn die Umstände es erlauben, ist körperliche Bewegung eines der besten Instrumente, um wieder Klarheit, Erdung und Gelassenheit zu gewinnen, wenn die Wogen der Probleme über uns zusammen zu schlagen scheinen. Es gibt auch etwas wie einen innerlichen Wechsel der Tätigkeit, um aus Gedankenspiralen heraus zu gelangen. Dazu einige Beispiele: Sie können ein kurzes Gebet sprechen oder ein Mantra wiederholen. Sie können in Ihr Herzzentrum oder Ihr Bauchzentrum spüren und dort ein paar Male hinein atmen. Sie können zum „dritten Auge" spüren und brauchen dem Gegenüber nicht direkt in seine bzw. ihre Augen sehen, aber auch nicht verklemmt wegschauen, sondern Sie können auf die Mitte seiner oder ihrer Stirn blicken.

Was fast immer sofort hilft: Einmal tief durchatmen. Wenn Sie Zeit dafür haben, dreimal tief durchatmen.

Wenn es geht, durch die Nase tief einatmen und durch den Mund hörbar ausschnaufen. „Dampfkesselatem" nannte Anneliese Harf, meine Yogalehrerin, diese Form der Atmung. Aber: Einmal tiefer durchatmen – das kann auf jeden Fall jeder in jeder Situation! Entscheidend ist, jene Tätigkeit, die entweder Ihr Problem begleitet oder vielleicht sogar mit hervorruft, zumindest kurzfristig zu unterbrechen und eine andere Tätigkeit auszuführen.

Auf das Thema „Wechsel der Tätigkeit" möchte ich noch näher eingehen. Wenn uns etwas körperlich bedrückt oder wir womöglich unter handfesten gesundheitlichen Beschwerden leiden, hilft oft etwas ganz Unkörperliches, wie ein nettes Wort oder eine schöne Musik. Wenn wir mit Stimmungsschwankungen zu kämpfen haben oder uns ganz weinerlich zumute ist, lenkt uns ein Spaziergang mit Freunden oder ein Kinobesuch zumindest vorübergehend ab.

Je mehr wir lernen, auf unsere Bedürfnisse zu achten und aufmerksamer mit uns umzugehen, desto rascher werden wir feststellen, auf welcher Ebene wir Hindernisse oder Blockaden erfahren. Anfangs mag es gar nicht so einfach sein zu wissen, ob und dass ein körperliches Unwohlsein Ausdruck einer seelischen Last ist. Noch schwieriger fällt es den meisten Menschen, die mentalen Ursachen hinter vielen emotionalen Gefühlsmustern und Reaktionsweisen zu erkennen.

Unsere Denkmuster bestimmen in hohem Maße unsere Gefühle, und unsere Gefühlsbewegungen schlagen oft auf das körperliche Befinden durch. Natürlich wissen wir das alles, aber wir nutzen dieses theoretische Wissen nicht genügend kreativ im Alltag unserer Problembewältigung.

Eine schlichte, aber wirksame Methode, dieses Wissen praktisch umzusetzen, ist der Tätigkeitswechsel, wenn wir das Gefühl haben, momentan in einer Sackgasse zu stecken. Machen wir also einfach etwas anderes als das, was wir bis gerade jetzt eben getan haben. Oft ist ein Wechsel der Tätigkeit auch mit einem Ortswechsel verbunden. Das ist dann umso besser.

Wichtig ist dabei jedoch, dass wir nicht vom Regen in die Traufe geraten, sondern dass mit dem Tätigkeitswechsel auch wirklich ein Ebenenwechsel verbunden ist. Dazu einige Vorschläge (in Klammern sind die Zielebenen angeführt, auf die man durch den jeweiligen Vorschlag gelangen kann):

Von der körperlichen Ebene auf eine andere wechseln
- Legen Sie sich eine schöne Musik auf (emotional/spirituell).
- Nehmen Sie ein gutes Buch zur Hand (mental/spirituell).
- Suchen Sie das Gespräch mit einem Freund (emotional/mental).
- Meditieren Sie (spirituell).

Von der emotionalen Ebene auf eine andere wechseln
- Machen Sie einige einfache Gymnastikübungen (körperlich).
- Suchen Sie das Gespräch mit einem gedanklich klaren und verständnisvollen Mitmenschen (nicht mit dem/der „besten" FreundIn, weil die meist gleich auf Ihre emotionale Ebene mit einsteigen) (mental).
- Helfen Sie einem anderen Menschen, der Hilfe braucht – sei es im Garten oder im Haus, bei einem Brief oder beim Einkaufen, mit einem Krankenhausbesuch oder anders (körperlich/mental/spirituell).

Wenn Menschen ganz tief in Gefühlsproblemen stecken, empfehle ich Meditation als Ebenenwechsel nicht unbedingt. Die üblichen Formen von Meditationen führen eher dazu, sich noch mehr in einem emotionalen Mahlstrom zu drehen, weil sie dazu verleiten, Gefühlsregungen für höhere Impulse zu halten.

Von der mentalen Ebene auf eine andere wechseln
- Gehen oder laufen Sie an der frischen Luft (körperlich).
- Singen oder pfeifen Sie (emotional).
- Meditieren Sie (spirituell).
- Helfen Sie einem anderen Menschen, der in Not ist oder einfach Anteilnahme und Zuspruch braucht (körperlich/emotional/spirituell).

Von der spirituellen Ebene auf eine andere wechseln
Dass wir auf der spirituellen Ebene „feststecken", passiert ziemlich selten. Denn meistens sind wir so in den weltlichen Angelegenheiten verstrickt, dass wir im Gegenteil eine seelisch-geistige Orientierung auf höhere Dimensionen dringendst nötig haben. Aber unter bestimmten Umständen könnten einige wenige Menschen erleben, dass Sie sich ganz im religiösen Gebet (nicht im Bitten um weltliche Dinge!) oder in der Versenkung nach innen so „verlieren", dass sie eine „Erdung" brauchen. Für diese seltenen Fälle sind die folgenden Hinweise also gemeint.

- Wandern Sie, am besten mit anderen zusammen (körperlich/emotional)
- Machen Sie Gymnastikübungen (körperlich)
- Helfen Sie anderen, indem Sie Mitmenschen, die Ihnen nahestehen, ausdrücklich befragen, was diese brauchen (körperlich/emotional/mental)
- Lesen Sie eines der Bücher von Weisen, die Erleuchtung mit Bewusstseinsklarheit und tätiger Hinwendung zur Welt und zu den Menschen verbinden

Zeit
Dieser Ebenenwechsel kommt Ihnen vermutlich auf den ersten Blick als etwas seltsam vor. Denn wir leben doch in der Zeit und können nicht einfach aussteigen, oder? Das stimmt schon. Real und physisch können wir nicht aus der Zeit aussteigen. Zeitmaschinen gibt es eben bisher nur in

Science Fiction-Geschichten. Aber mental, in unserer bildhaften Vorstellung, in der „Imagination" können wir sehr wohl in eine andere Zeit hüpfen – und sei es auch nur für zwanzig, dreißig Sekunden oder für wenige Minuten.

Ich biete Ihnen dazu gern eine gedankliche Mitmachübung an. Denken Sie an irgendein Problem, was Sie derzeit ab und zu beschäftigt. Es muss nicht das Mega-Lebensproblem, sondern kann auch ein kleineres sein. Haben Sie es im Sinn? Gut, dann stellen sie sich jetzt vor: Wie hat dieses Thema vor 10 Jahren ausgesehen? Wie vor 1 Jahr? Wie vor 1 Monat? Wie vor 1 Woche? Wie vor 1 Tag? (Bitte machen Sie weiter mit, ohne Ihre intuitiven Assoziationen zu bewerten!)

Nun stellen Sie sich vor: Wie wird das Thema wohl in 1 Tag aussehen? In einer Woche? In einem Monat? In einem Jahr? In 10 Jahren? In 100 Jahren? In 10.000 Jahren? In 1 Million von Jahren?

So, wie war das? Vor ein paar Jahren oder Monaten gab es das Thema vermutlich noch gar nicht. Und in 100 Jahren oder mehr spielt es sicher auch keine Rolle mehr. Ist das nicht ein bisschen lächerlich, sich das Thema in 10.000 Jahren vorzustellen?

Nein, denn Sie und Ihr Bewusstsein ist nach allem, was wir wissen (auch nach dem, was naturwissenschaftlich abgeleitet werden kann), immer noch existent. Diese imaginäre Zeitverschiebung „kauft" Ihnen Abstand, bringt Ihnen eine zumindest vorübergehende Distanz zu den Dingen. Sie bietet Ihnen eine neue Perspektive, wahrscheinlich mehr Gelassenheit. Und aus all dem erwächst eine neue Sicht und eine neue Kraft, mit dem Thema umzugehen.

Vergebungsübung: Eltern, Kinder ... Gott

Eine der wichtigsten Übungen, die ich kenne, um Probleme zu lösen – auch solche, die mit

Menschen überhaupt rein gar nichts zu tun zu haben scheinen – ist die Vergebungsübung. Auch diese Übung ist wieder sehr einfach.
Setzen Sie sich irgendwo gemütlich hin, drinnen oder draußen, wo es Ihnen gefällt. Und dann stellen Sie sich vor, dass Sie innerlich den Menschen begegnen, die ich weiter unten nenne. Die Übung funktioniert auch dann, wenn manche dieser Menschen ganz woanders wohnen oder wenn sie womöglich schon verstorben sind. Falls Sie gegen die eine oder andere genannte Person große Vorbehalte hegen, vielleicht sogar tiefe Abneigung, dann fällt es Ihnen wohl leichter, sich vorzustellen, dass Sie nicht dieser Person, sondern deren Seele begegnen!
Jetzt kann's losgehen. (Und es ist „normal", wenn dabei auch Tränen fließen. Eine Art seelische Grundreinigung!)

Stellen Sie sich vor, dass Sie Ihrer Mutter innerlich begegnen; als Person oder als Seele. Sagen Sie Ihrer Mutter innerlich: „Ich vergebe dir alles, wodurch du mich gekränkt oder verletzt hast und auch alles, was ich so empfunden habe, auch wenn es nicht so gemeint war." Bitten Sie dann Ihre Mutter: „Vergib mir alles, wodurch ich dich gekränkt oder verletzt habe, und auch alles, was du so empfunden hast, auch wenn es nicht so gemeint war." Nun bitten Sie Ihre Mutter (erneut wieder entweder als Person oder als Seele), Ihnen ein Symbol zu geben, das ihr Geschenk an Sie ist und Sie fördern und stärken kann.

Nehmen Sie es gedanklich mit beiden Händen an und führen Sie es legen Sie es an Ihr Herzzentrum in der Mitte der Brust. Dann geben Sie Ihrer Mutter eine symbolische Gabe von Ihnen an sie, das sie annimmt. Am Schluss verabschieden Sie sich innerlich und lassen sie wieder gehen.

Die gleiche Übung führen Sie nun mit Ihrem Vater durch. Danach mit Ihrem Partner bzw. mit Ihrer Partnerin. Falls Sie Kinder haben, mit Ihren Kindern. Sie können es auch

mit Ihrem Chef bzw. Ihrer Chefin, mit Freunden, Verwandten so durchgehen. (Am besten nicht alle auf einmal, sondern über einige Tage verteilt.)
Führen Sie diese Übung auch mit sich selbst durch. Dazu stellen Sie sich vor, dass Sie, nach ihrer Neigung, Ihrem inneren Kind, Ihrem Höheren Selbst, Ihrem Spirit-Selbst oder ihrer Seele begegnen. Ansonsten bleibt die Übung gleich.

Vergeben Sie nun auch noch Gott! Warum sollten wir Gott vergeben? ER ist doch heilig, erhaben, unfehlbar, allmächtig, allgegenwärtig, allwissend, ER ist ganz und eins! Doch, es tut Not, auch Gott zu vergeben – und damit noch ein Stückchen mehr uns selbst. Denn die Absonderung des Einzelbewusstseins aus dem All-Bewusstsein, das Heraustreten der einzelnen Geschöpfe aus der All-Einheit der Schöpferkraft scheint ja nicht unser freier Wille gewesen zu sein.
Vielleicht doch, ich weiß es natürlich auch nicht so genau. Aber es fühlt sich für mich doch so an, als ob nicht ich ganz allein entschieden hätte, „So, jetzt will ich mich mal absondern, abtrennen, hinaustreten aus der Einheit, der Seligkeit des Eins-Seins, in die Vereinzelung und Einsamkeit der Kreatur." Also, aus meiner Sicht ist Gott daran schon irgendwie maßgeblich beteiligt. Und es gibt selbstverständlich auch Augenblicke, in denen ich mich total allein gelassen fühle, einsam, voller Ängste, und in denen ich denke, dass Gott keinen guten Job gemacht hat. Zeiten, in denen ich meine, dass er/sie/es das Leben auf der Erde wirklich hätte besser machen können, ohne Leid und Not, ohne Grausamkeit, ohne Krieg, vielleicht sogar ohne Tod.
Na ja, in diesen Momenten baut sich in mir ein Groll gegen Gott auf. Und der führt dazu, dass mein Urvertrauen in das Leben, in den Himmel, in mein Selbst, in die kosmische Kraft, immer mehr zugeschüttet wird, abgeklemmt, unwirksam.

Also. Versuchen Sie es: vergeben Sie jetzt Gott. Vergeben Sie ihm/ihr/ihm, dass Sie das Leben nicht verstehen, dass Sie sich allein gelassen fühlen, dass Sie die direkte und spürbare Verbindung zu Ihrem Höheren Selbst zu selten fühlen. Vergeben Sie ihm/ihr/ihm, dass Sie dieses Leben führen. Und entscheiden Sie sich, ihn/sie/es ab jetzt zwar bisweilen um Rat zu fragen und um seine/ihre/seine Hilfe zu bitten, aber ansonsten Selbst-Verantwortung zu übernehmen.

PS: dass Sie Gott vergeben bedeutet ja nicht, dass Sie sich nicht ab und zu wieder bei ihm beschweren könnten. Nur würde ich ihm/ihr/ihm möglichst erst mal eine Weile lang nicht mehr die Schuld in die Schuhe schieben, für Dinge, die schief laufen, die ich nicht kapiere, die ich ablehne ...

So, jetzt sind wir gut gestärkt für den nächsten, ganz anderen Ansatz, doch noch die eine oder andere kleine Erleuchtung einzufangen und wieder mit mehr Spaß und Kraft durchs Leben zu wandern, zu schweben oder zu fließen.

6.
Die Reise der Helden

*Typische und archetypische Stationen
der Individuation und der Spiritualität
in den Abschnitten des Lebens.*

Wir haben uns im letzten Kapitel mit dem Thema beschäftigt, dass es immer einen nächsten Schritt gibt und dass der nächste Schritt immer möglich ist. Viele Schritte ergeben eine Reise. Jetzt soll es deshalb um die Abfolge von zahlreichen Schritten gehen und darum, nach welchen Gesetzmäßigkeiten unsere Lebenswege und Seelenreisen ablaufen. Sicher haben Sie schon von dem marketingtechnisch sehr gut aufgemachten und sehr erfolgreichen Buchtitel „The Secret" gehört". Die millionenfache Auflage von Buch und DVD zeigt, dass viele Menschen das Bedürfnis haben, neu motiviert zu werden. Dass der Inhalt gar nicht so geheim gewesen ist, erweist sich rasch, wenn man erfährt, dass Charles F. Haanel zu Beginn des 20. Jahrhunderts mit seinem Kurs „The Master Key System" den Grundstock für den Paradigmenwechsel gelegt hat, den das *Secret* und Menschen wie Rhonda Byrne, Mike Dooley und andere später weiter entwickelt haben. Also „alter Wein in neuen Schläuchen." Aber warum nicht. Denn jede Zeit stellt gleiche oder ähnliche Fragen, aber jede Zeit und jede Kultur spricht ihre eigene Sprache und formuliert ihre Antworten eben anders. Und jede Gruppe hat ihre eigenen „Helden".

Letztlich geht es um den Lebens- und Bewusstseinsweg des Menschen vom Geburt bis zum Tod, soweit es die rein körperliche Seite angeht, und um die Seelenreise aus einer Quelle ins die bewusste Einheitserfahrung mit dieser Quelle und der ganzen Schöpfung, auch jenseits von Raum und Zeit.

Diese archetypische Reise oder diesen quasi spiralförmigen Entwicklungsprozess hat der amerikanische Mythenforscher und Philosoph Joseph Campbell mit unnachahmlicher Einfühlung und fundiertem Wissen beschrieben. 1948, einige Monate bevor ich geboren wurde, hat er ein Grundlagenwerk vorgelegt mit dem Titel „Der Held mit eintausend Gesichtern".

Es erschien erst sehr viel später auf Deutsch unter dem etwas akademischen Titel „Der Heros in tausend Gestalten". Das Motiv der Heldenreise kennen wir aus zahlreichen Mythen. Bei uns am stärksten präsent ist dieses Motiv vermutlich in den Legenden der Suche nach dem heiligen Gral und der Artussage.

Das reicht von Geoffrey Monmouth, Chrétien de Troyes und Thomas Malory und in anderer Gestaltung bis zum Nibelungenlied und Wagners romantisierenden Heldenepen. Die zweiundzwanzig Karten der Großen Arkana im Tarot deutet man ebenfalls gern als Stationen einer Heldenreise. Im Sinne der Jung'schen Psychologie würden wir heute wohl von der Seelenentwicklung im Sinne eines Individuationsprozesses sprechen. Eigentümlich (oder vielleicht auch gerade gar nicht so verwunderlich): Es ist fast immer von männlichen Gestalten die Rede, die eine solche Seelenentfaltung erleben.

In diesem Kapitel möchte ich Ihnen Stationen der Seelenentfaltung näher bringen als typische und archetypische Meilensteine der Individuation und Spiritualität, als deutlich erkennbare Abschnitte des Lebens, die Campbell in drei Gruppen ordnet. Es sind siebzehn Stationen, die meiner Erfahrung nach aber nicht immer in genau dieser Reihenfolge auftauchen.

1. Aufbruch
Aufruf zum Abenteuer • Die Ablehnung des Rufs • Übernatürliche Hilfe • Die erste Schwelle überschreiten • Im Bauch des Wals

2. Initiation
Die Straße der Prüfungen • Begegnung mit der Göttin • Die Frau als „Versucherin" • Versöhnung mit dem Vater • Verklärung • Die höchste Gnade

3. Rückkehr
Verweigerung der Rückkehr • Die magische Flucht • Errettung von außen • Die Schwelle der Rückkehr überschreiten • Meisterschaft der zwei Welten • Die Freiheit des Lebens

Zu diesen Stationen möchte ich Ihnen einige mögliche Assoziationen vorlegen. Vor allem die Bezüge zum jeweils weiblichen Geschlecht, wo in den männlich dominierten Mythen doch nur jeweils das männliche vorherrscht, spiegelt meine eigene eher unorthodoxe Betrachtungsweise wider. Ich möchte Sie einladen, beim Lesen Querverbindungen zu Ihren eigenen Erfahrungen im Verlauf Ihres bisherigen Lebens zu finden. Das symbolische Modell der Lebensreise als Entwicklungsprozess kann bereits für sich allein genommen zu „Aha-Erlebnissen" führen, die Ihnen Ihre Ziele und Wünsche deutlicher machen. Sie werden Hilfen und Behinderungen besser verstehen. Sie werden mehr Sinn in Ihrem Leben entdecken.

Vielleicht sogar einen durchgehenden roten Faden.

1. Aufbruch
Wann und wie findet unser Aufbruch und unsere Abreise auf den Lebensweg statt? Mit der Geburt? Schon mit der Empfängnis? Oder gar lange vorher? Ist die Metapher der Vertreibung der ersten Menschen aus dem Garten Eden der Aufbruch, weil damit die erste Trennung

stattfindet? Ist Aufbruch der erste Schultag? Oder der Auszug aus der Wohngemeinschaft mit Eltern und Geschwistern? Wann und wie haben Sie Aufbruchserfahrungen gemacht? Lassen Sie sich von den wenigen folgenden Beispielen anregen, Ihre persönlichen Erlebnisse wieder lebendig zu machen.

Aufruf zum Abenteuer: Sie haben ein Angebot für eine Arbeitsstelle weit weg von Ihrem bisherigen Lebenskreis erhalten und haben überlegt, ob sie ihm folgen sollten. Oder Sie sind im Urlaub einem Menschen aus einem fremden Land begegnet und haben gespürt, dass vielleicht mit diesem Menschen eine neue Zukunft ganz woanders möglich wäre.

Die Ablehnung des Rufs: Nein, Sie wollten damals als Kind nicht in eine andere Schule, nicht in einen anderen Schulzweig, damit Sie nicht Ihre Freunde aufgeben müssten.

Übernatürliche Hilfe: Sie haben einen Traum, der ganz klar sagt, dass Sie dem Ruf folgen sollen. Sie bekommen von einem Verwandten völlig unerwartet das nötige Geld, um das zu unternehmen, worüber Sie nachsinnen. Oder, wenn Sie schon unterwegs sind auf Ihrer „Heldenreise": Sie haben sich in einer fremden Stadt verlaufen, hatten keine Sprachkenntnisse, kein Handy. Da sind Sie jemandem begegnet, der Sie angesprochen und gefragt hat, in Ihrer Sprache, ob Sie Hilfe brauchen.

Die erste Schwelle überschreiten: Das ist klar. Sie marschieren los, Sie melden sich an, Sie schmieden mit dem Freund der der Freundin Pläne, Sie suchen nach einer neuen Bleibe ...

Im Bauch des Wals: Mit diesem merkwürdigen Begriff mein Campbell, dass der Held bzw. die Heldin, nach dem sie sich entschlossen haben, die Schwelle ins Abenteuer zu überschreiten, sich keineswegs die Macht der Schwelle bewusst zu eigen gemacht haben, sondern sich in der unbekannten neuen Welt verlieren, dass sie wie verschlungen scheinen vom Unbekannten. Dahinter steckt ein Mythos der Wiedergeburt. Das Bild des Bauches eines großen wilden Tiers, sei es ein Wal oder ein Elefant, ein Wolf oder ein Monster, von dem man zunächst verschlungen und schließlich, wenn alles gut geht, auch wieder in ein neues Leben auftaucht, ist universell. Wir finden es praktisch in allen Mythen aller Kulturen und Zeiten. Die Lektion dieses Stadiums ist, dass es zu einer Form der „Ich-Vernichtung" kommt, wenn man erst einmal gewagt hat, den Schritt über die Schwelle zu tun. Können Sie sich daran erinnern, ein solches Erlebnis gehabt zu haben, in dessen Verlauf Sie sich psychologisch wie ausgelöscht gefühlt haben, nachdem Sie einen ersten Schritt auf Ihre Reise getan haben? Vielleicht die ersten Stunden oder Tage in einem fremden Land, ohne Freunde, ohne Sprachkenntnisse?

2. Initiation

Was ist für Sie so etwas wie eine Initiation gewesen? Der erste Urlaub im Ausland mit einer fremdem Sprache ringsherum? Die Erstkommunion? Der erste Kuss? Das „erste Mal"? Der erste Schultag oder der erste Arbeitstag? Eine spirituelle Einweihung? Die Hochzeit? Initiation bedeutet vom Wortsinn her nicht mehr und nicht weniger als Beginn. Wir beginnen mit etwas, wir fangen etwas ganz neu an. In sogenannten Stammeskulturen wurde der Übertritt vom Kindesalter in das Erwachsenenleben mit besondere Riten markiert. Konfirmation und Firmung, Bar Mitzwa und Schulabschluss, Beginn von Lehre oder Arbeit sind meist unsere zeitgenössischen Entsprechungen.

Die folgenden Stufen oder Stationen rufen sicher die Erinnerung an interessante „Initiationen" in Ihnen wieder wach.

Die Straße der Prüfungen: Sobald wir uns auf die geistige Reise auf ein spirituelles Ziel hin machen (die ja letztlich immer oder sogar vor allem auch eine Reise zu uns selbst ist), kommen wir nicht umhin, sowohl in die Höhen und Weiten als auch in die Tiefen und Täler des Bewusstseins zu steigen.

Wir werden mit äußeren Gefahren und mit inneren Ängsten konfrontiert. Mit verlockenden Aussichten und bedrängenden Prüfungen. Ein persönliches Beispiel war für mich, als ich mich entschlossen hatte, vor vielen Jahren, den Flugschein zu machen. Die allererste sogenannte Platzrunde ganz allein im Flugzeug – wie herrlich war der Take-off und die erste Hälfte der Runde. Und wie schwitzig wurden meine Hände, als es in die zweite Hälfte mit der Vorbereitung zur Landung ging. Welche Prüfungen haben Sie erlebt? Die erste öffentliche Rede im Verein, die Kritik von Kollegen, als Sie Ihr erstes neues Produkt vorgestellt haben ...

Begegnung mit der Göttin: Ist dies das „höchste Abenteuer", eine mystische Hochzeit, die der Verschmelzung mit der Göttin der Welt, mit der Großen Mutter?

Wenn alle Hindernisse und Monster auf der Reise überwunden worden sind, tritt die reisende Person in das Allerheiligste ein, in die zunächst dunkel wirkende Kammer des innersten Herzens. Das Urweibliche repräsentiert die Ganzheit dessen, was ist. Die spirituell suchende Person, sei sie Frau oder Mann, muss diese Urmutter, die archaische und die subtile Kraft dieser Anima in ihren vielfältigen Gestaltungen, „erkennen".

Diese Anima wird sich nur soweit enthüllen, als der Mensch unvoreingenommen offen und spirituell integer genug ist zu empfangen. Hier vollzieht sich die eigentliche Initiation. Welche tief reichenden und hoch tragenden „Initiationen" haben Sie bisher erlebt? Vielleicht in der liebevollen sexuellen Begegnung und im echten Einswerden, sei es auch von kurzer Dauer? Im versinken im

Anblick von glücklichen Kinderaugen, in der atemberaubenden Schönheit und Totalität eines Naturanblicks ...?

Die Frau als „Versucherin": „Die Frau" repräsentiert das ganze Leben. Der suchende Mensch, in unseren Gesellschaftsformen seit gut zweitausend Jahren vor allem Männer, fühlt sich versucht – nachdem er ein Geheimnis des Lebens sehr intim erfahren hat – das weitere Leben danach zu „sublimieren", empor zu heben aus dem vermeintlichen Sumpf des Alltags und der auch Körperlichkeit. Und dann erscheint die Frau eben als „Versucherin", als Eva, die zum Sprachrohr der Schlange wird und den armen und ach so heiligen Adam zur Sünde verführt.

Dann wird die ganzheitliche Weisheit des Lebens auf ein rein rituelles bzw. rationales Wissen reduziert. Damit schneidet sich der Mensch jedoch vom Strom des lebendigen Wassers selbst ab. Aber auch dies ist eine notwendige Durchgangserfahrung, um die spirituelle Transformation weiter zu führen.

Denn erst jetzt wird dem wachen und bewussten Menschen deutlich, wie beschränkt wir unserem begrenzten Verstand und unseren Urinstinkten nach sind, falls wir sogar die Quelle von Leben und Weisheit oft lieber verschütten oder verlassen, als uns davon durchströmen zu lassen. (Den meisten sich religiös gebenden Dogmenvertretern ist das bisher aber noch nicht recht aufgefallen. Aber im Himmel gibt es angeblich keine Zeit, nur Liebe und Geduld.)

Haben Sie eine ähnliche Erfahrung schon einmal gemacht? Mir fällt ein, dass ich als junger Bursche die Weisheit meiner Großmutter, die mich ja jahrelang liebevoll mit umsorgt hat, eine Zeit lang eher überheblich übergangen habe.

Versöhnung mit dem Vater: Vermutlich kennen Sie Mozarts Zauberflöte. Das gibt es zum Ende hin ein prototypische „Versöhnungsszene" zwischen Tamino und Pamina und dem weisen König Sarastro (gleichzusetzen mit dem Erleuchteten Zarathustra). Hier wird eine andere Form von Verschmelzung erlebbar, das Aufgehen des Geistes im Geist. Rabbi Levi Jizchak von Berditschew, ein chassidischer Heiliger, hat einmal gedichtet: „Du, du, du. Nur du, immer du ... Wohin ich mich wende, an jedem Ende: Du, du, du ..." Das ist eine weitere Gestaltung der „Versöhnung" mit dem Schöpfergeist im Erleben, dass es nichts außerhalb der Schöpferkraft gibt. Welche Erinnerungen tauchen in Ihnen auf, wenn Sie dies lesen? Spüren Sie vielleicht auch jetzt etwas von dieser Versöhnung, Versöhnung mit dem Leben, mit Gott, mit sich selbst?

Verklärung: Ein eigentümlicher Begriff, ein vielschichtiges Wort. Ich greife nur einen einzigen Aspekt heraus. Der Buddha, der die Einheit erfahren hat und in die Nicht-Dualität eingehen könnte, weiht seine weitere Existenz nun der Erleuchtung und Erlösung aller Wesen, bis sich diese von den Ursachen von Leiden befreit haben. Sein Herz, sein bewusstes Sein, sein Geist sind so verklärt, dass er die Einheit mit allen Geschöpfen wahrnimmt und spürt und für aller Befreiung wirkt. Nicht als „Opfer", sondern als Selbstverständlichkeit und Erfüllung!

Wer solche Erfahrungen selbst schon gemacht hat, wird darüber vermutlich nicht öffentlich sprechen.

Die höchste Gnade: Was mag das sein? Der Stein der Weisen, der aus Eisen Gold macht, wie er lange in der Alchemie gesucht wurde? Der Stein der Weisen, der echte Weisheit verleiht? Der „rote Löwe", ein Elixier der Unsterblichkeit? Die Überwindung des physischen Todes und die Re-ligio, als die Rückanbindung des Bewusstseins an das ewige Bewusstsein auf eine Weise, wie sie nie mehr aufgelöst werden kann. Paulus schrieb: „Ich lebe, doch nun lebe nicht mehr ich, sondern Christus lebt in mir." Also die Öffnung für das Christusbewusstsein, für die Sophia – die nun statt des Egos leben und wirken. Ein Leben aus dem Heiligen Geist?

Auch hier hat es wenig Sinn, mögliche Antworten zu nennen. Auch dies muss Jede und Jeder selbst erfahren.

3. Rückkehr

Hier ist zunächst die Rückkehr nachhause gemeint – was immer Zuhause bedeuten mag. Meister Eckhart, christlicher Mystiker des Mittelalters, spricht davon, dass das Ausfließen der Kreatur aus der Gottheit wundersam und bedeutsam sei, das Rückmünden, also das Nachhausekommen der Kreatur in die Gottheit jedoch unvergleichlich wundervoller und herrlicher.

Das Bild ist zunächst einfach: Wir sind im Haus, hören einen Ruf, entschließen uns, über die Schwelle zu treten und nach draußen, in eine fremde Welt zu gehen. Dort erfahren wir alle möglichen Abenteuer. Und nun stehen wir schließlich vor der Entscheidung, wieder nach Hause zu kommen. Die Parabel vom verlorenen Sohn, der zum Vater zurückkehrt, kommt einem in den Sinn. Die Heimkehr von Kriegern nach der Schlacht. Die Rückkehr von Menschen, die aus ihrer Heimat vertrieben worden waren. Die Heimkehr nach einer längeren Auslandsreise. Oder auch die Rückbesinnung auf das eigene Selbst, das eigene innerste Wesen.

Verweigerung der Rückkehr: Was ist nun, wenn Erkenntnis, Selbstverwirklichung, „Erleuchtung" erlebt worden ist, wenn die Helden sich eins wissen und fühlen mit dem, was ist. Hat man dann große Lust, sich wieder in die „Niederungen" des Alltagslebens voller dumpf umher irrender Menschen zu begeben.

Hat man dann genügend Kraft, um die Botschaft der Weisheit zu denen zu tragen, die sie genauso brauchen? Hat man dann die Engelsgeduld, immer und immer wieder auf das spirituelle Seelenlicht hinzuweisen, das immer in der Finsternis scheint, und das die Finsternis des kruden Materialismus, aber auch meist der akademischen Ratio sich weigert, wahr zu nehmen? Wäre es nicht viel schöner, sich mit Faust zu sagen, „Verweile doch, du bist so schön"? Aber genau diese Haltung würde eine erneute innerliche Abspaltung bewirken, ein Herausfallen aus dem Lichtstrom. Unsere neue Zeit braucht in der Regel nicht die asketische Zurückgezogenheit, die Weltabkehr, sondern die Zuwendung zu Schöpfung, Leben, Menschen und allen Wesen – auch auf die „Gefahr" hin, dass dann die Reinheit und Schönheit der eigenen Erleuchtung darunter etwas leiden könnte.

Die magische Flucht: Es mutet merkwürdig an, dass hier von Flucht die Rede ist. Stellen Sie sich vor, dass die Helden im Reiche der Feen und Elfen angelangt sind, oder mitten im Untersberg mit seinem kaiserlichen Reich, oder bei der Meereskönigin in den Tiefen der Fluten oder im Reich des Himmelskönigs über den Wolken. Die „Götter" dieser mythischen Reiche wollen oft die Menschen nicht mehr ziehen lassen. Sie wollen verhindern, dass etwas von ihren Schätzen in die Welt der Menschen gelangt, sei es Weisheit, sei es Gold. Wenn wir dabei nun nicht an Götter und Feenköniginnen denken, welche die Helden zurückhalten, sondern diese ersetzen mit den Wünschen und Vorlieben der Helden selbst, lässt sich dieses Stadium besser verstehen. Eigentlich will man „Sofa sitzen auf der Gnade", wie meine früh verstorbene Yogalehrerin Anneliese Harf sagte, wenn es darum ging auszudrücken, wie wohlig eine spirituelle Errungenschaft ist und wie gerne man sie nun ausgiebig genießen möchte. Also gilt es, den neu gewonnenen eigenen Bindungen an ein Bewusstsein, das möglichst nur in Licht und Liebe schwelgen möchte, zu entfliehen. Das ist dann in der Tat eine magische Flucht. Die gelingt wohl nur wenigen aus freien Stücken und ganz selbständig.

Übrigens, im Tarot bietet die Karte 15, „Der Teufel", einen ganz interessanten Anknüpfungspunkt für Assoziationen dazu. Luzifer, der lichtträger, der sein göttliches Licht genießen will, dreht sich über kurz oder lang nur noch um sich selbst.

Errettung von außen: Eine überpersönliche Kraft muss die Helden wieder zurückholen in die Welt. Die Karte 16 des Tarots, Der Turm, symbolisiert das recht hübsch. Es kann aber auch der Hilferuf eines lieben Menschen sein, eines Menschen in Not. Etwas, das unser Herz berührt, so dass wir uns wieder der Welt zuwenden, nun jedoch durchaus mit neuen Sichtweisen von Leben und Schicksal, mit neuen spirituellen Einsichten über den Sinn, auch mit neuen „Himmelskräften" die nun durch uns wirken.

Die Schwelle der Rückkehr überschreiten: Der Mensch, der die Heimat verlässt, um in ein fremdes Land zu reisen und dort Abenteuer zu bestehen – sei dieses Land nun draußen in der Welt oder drinnen in den Tiefen und Höhen des Bewusstseins – ist seiner bisherigen Umwelt wie verloren. Ein Beispiel sind Menschen, die heute als Mönche oder Nonnen ins Kloster gehen.

Sie sind für ihre Familie weitgehend verloren. Das galt auch in den sechziger und siebziger Jahren für die jungen Leute, die in die Ashrams nach Indien fuhren und jahrelang dort blieben und ein für Außenstehende und ihre bisherige Umgebung eigenartiges Leben mit Gurus, anderen Gewändern, freier Liebe oder strengen Sexverboten führten. Nun kehren die Helden, die sich in andere Welten gewagt haben, zurück in ihre Heimat. Was passiert? Sie bringen ihr Bewusstsein mit, das nun beide Welten umfasst. Sie haben erkannt, dass beide Welten – das Unbewusste und das Alltagsbewusstsein, die erde und der Kosmos, die grobstoffliche Ebene des Körpers und die feinstoffliche Ebene des Geistes – Facetten ein und desselben ganzen, ungeteilten und unteilbaren Lebens sind.

Meisterschaft der zwei Welten: Die Karte 14 des Tarots ist ein anschauliches Bild für dieses Stadium, finde ich. Wir sehen darauf eine androgyne Himmels- oder Engelsgestalt, aber durchaus in menschlicher Form und mit menschlichen Zügen. Die Füße stehen fest auf der Erde, der Kopf ragt hoch in den Himmel. Die Gestalt gießt mit ein oder zwei Krügen (je nach Darstellung) das ewige Wasser des Lebens, das aus dem Unsichtbaren kommt, und ist dabei, es für die sichtbare Welt, für das Leben auf der Erde nutzbar zu machen. Die irdische Welt wird sozusagen beseelt und lebendig gemacht durch Geist und Liebe, durch Herz und Gelassenheit, durch Zuwendung und Weisheit.

Die Freiheit des Lebens: Einige Kartenbilder aus dem Tarot fallen mir dazu ein. Ist es der Narr aus dem Tarot? Die Sonne? Das Universum? Ich fühle mich an das Wort von Meister Eckhart erinnert: „Seid in der Welt, seid nicht von der Welt." Dieses letzte Stadium der archetypischen Lebensreise ist Erfüllung von Auftrag und Sinn.

Nun, zu diesem Kapitel werden Sie sicher noch mehrfach zurückkommen, um neu zu lesen, nachzudenken, sich einzulassen und einzuspüren. Es klingt mehr in der Seele an, im Unterbewusstsein, als sich in bloßen „vernünftigen" Worten sagen ließe. Ich lade Sie nun zu einer weiteren Übung ein.

Er-Innerungs-Übung

Die Übung ist schlicht: Überlegen Sie, welche Schlüsselerlebnisse und welche markanten Erfahrungen für Sie diesen siebzehn Stationen entsprechen. Vermutlich werden Sie nicht für alle archetypischen Stationen oder Situationen eigene Entsprechungen finden. Vor allem nicht zu den letzten. Darauf kommt es aber nicht an, das macht nichts. Sie können sich auch einfach einige Schlüsselerfahrungen zu den drei Abschnitten Aufbruch, Initiation und Rückkehr ins Bewusstsein rufen.

Mir scheint wichtig, ob Sie einen roten Faden in Ihrem Leben entdecken und wie Sie diesen roten Faden auffassen. Wer spürt oder weiß, dass es eine gewisse Folgerichtigkeit in der eigenen Entwicklung und in den Ereignissen des bisherigen Lebens gibt, wird zuversichtlicher, gelassener, kraftvoller und offener er oder sie selbst sein und sein bzw. ihr Leben annehmen.

Interessant in diesem Zusammenhang auch die Überlegung, dass in den monotheistischen Religionen, also vor allem im Judentum, Christentum und Islam, der Mensch immer eine Beziehung zu Gott sucht. Gott wird als etwas „Anderes", etwas Höheres gesehen, als ein Schöpfer, der irgendwie von seiner Schöpfung getrennt sei. Deshalb bedarf es der Beziehung des Geschöpfes zu diesem Gott.

In anderen, vor allem in östlichen Religionen, steht kein getrennter Gott im Mittelpunkt, sondern die Menschen erleben, dass eine alles durchdringende Kraft fließt und wirkt, Gestaltungen hervorbringt und sie wieder auflöst. Dort ist das Bewusstseins des Seins, die Identität und Einheit mit dieser Kraft das Ziel der Entwicklung. Es geht um Erwachen in dieses Eins-Sein. Beides ist legitim, ist wesentlich. Sonst würde es ja beides auch nicht geben.

Campbell beschließt sein Hauptwerk „Der Held mit tausend Gesichtern" mit einem geradezu prophetischen Wort. Er sagt, dass der Held bzw. die Heldin der Moderne, die mutig genug sind, den Ruf der Seele oder der All-Seele zu hören und aufzunehmen, und die mutig genug sind, in die Gegenwart der Einheit zu erwachen oder in sie einzutauchen, wer mutig genug ist, das eigene Leben und Schicksal mit dem Schöpfungs-Sein und der Schöpfungs-Kraft zu versöhnen – dass also solche Menschen nicht darauf warten dürfen und können, dass die Gesellschaft, die soziale Gruppe, die Konfession zu dieser Entwicklung bereit ist. Nicht die Gesellschaft, und sei eine Gemeinschaft noch so tolerant, sozial und spirituell, kann den schöpferisch aktiven Menschen leiten und erlösen, sondern genau umgekehrt. Jeder Einzelne, der den faszinierenden und zugleich oft einsamen und bitteren Weg zur Einswerdung mit sich selbst und dem All-Sein geht, trägt damit auch zur Heilung und Versöhnung der Gemeinschaft mit der Essenz bei, mit dem Wesen ihrer selbst..

Teil 3

Was heilt dich?

Spirit ist Leben *und* Heilung

> Der Prozess des Erwachens, wenn er einmal
> angestoßen wurde, entwickelt seine eigene
> Dynamik, ohne weitere Anstrengung von dir.
> Die Wahrheit strebt dann auf ganz natürliche
> Weise danach, sich durch dich zu erwecken.
> *Stephen Bodian*

Ich bin
In Santa Fe, wo ich zwölf Jahre lang gelebt habe, von 1986 bis 1998, habe ich in einem St-Germain-Kreis im Rahmen der „I AM"-Bewegung (Ich bin-Bewegung) eine interessante Methode kennen gelernt, um mehr Kontakt mit sich selbst aufzunehmen.

Sowohl körperlich als auch psychosomatisch. Die Übung ist fast genauso einfach wie die JA-Übung. Ich finde, sie dient als eine passende Einstimmung auf das Thema Heilung und Spiritualität.

Sie sind bei sich zu Hause, ganz nackt, vielleicht im Bad oder an einem privaten Ort. Am besten machen Sie diese Übung allein, weil die meisten unter uns doch immer noch Themen mit Nacktheit haben. (Falls Sie selbst ein solches Thema noch haben, können Sie die Übung ja im Dunklen durchführen.)

Sie stehen locker und aufrecht; Mutige können sich vor einem Spiegel aufstellen. Nun legen Sie nacheinander beide Hände mit den Handflächen von oben nach unten oder von unten nach oben – was für Sie stimmig ist – auf einzelne Körperteile und sagen dabei halblaut: „Ich bin." Mindestens drei Mal an jedem Ort, besser sieben oder neun Mal. Spüren Sie das „Ich bin" dort bitte auch, sagen Sie es nicht nur.

Nehmen wir an, Sie fangen von oben nach unten an, dann wäre die Abfolge zum Beispiel so:

- Beide Hände auf dem Schädeldach: Ich bin. Ich bin. Ich bin.
- Beide Hände auf dem Gesicht: Ich bin ...
- Eine Hand auf der Stirn, die andere am Hinterkopf: Ich bin ...
- Beide Hände auf der Brust: Ich bin ...
- Beide Hände auf dem Bauch (egal, wie dünn oder dick er ist; ziehen Sie ihn nicht ein!): Ich bin ...
- Beide Hände überkreuz auf den Schultern, auf den Oberarmen, auf den Unterarmen ...
- Beide Händen auf die Flanken ..., auf das Gesäß, auf Unterbauch, auf Schambein und Geschlecht ...
- Beide Hände, vorsichtig leicht gebückt, auf die Oberschenkel, die Unterschenkel, die Waden, die Füße ...

Sie werden ein völlig neues Körpergefühl gewinnen. Sie werden ganz anders zu sich selbst stehen und mit sich selbst befreiter umgehen können!

7.
Es gibt immer einen nächsten Schritt

Dem höheren Selbst auf der Spur.
Überlegungen zur psychologisch-spirituellen
Entwicklung durch mental-emotionale Übungen
und symbolische Handlungen.
Hier geht es um eine zentrale Methode
der Deblockierung und Öffnung
für eigene Ziele und innere Ressourcen.

Sicher kennen Sie den kleinen Besinnungsspruch, den man Kindern gern ins Poesiealbum oder als Widmung auf die Karte zur Konfirmation geschrieben hat: „Und wenn du glaubst, es geht nicht mehr, kommt von irgendwo ein Lichtlein her." Also Kopf hoch gewissermaßen, jeder Nacht folgt ein Tag, jeder regen hört einmal auf und es scheint dann auch wieder die Sonne.

Klar, stimmt schon. Aber auch ein bisschen sehr sentimental-passiv, oder nicht? Helen Schucman, eine amerikanische Ärztin, die den „Kurs in Wundern" gechannelt hat, berichtete, wie zwischen ihr und einem Arztkollegen nichts weiter ging in der Kommunikation, wie sie sich gegenseitig blockierten, heute würde man vielleicht sagen, wie sie sich gegenseitig „mobbten". Und dann kam beiden eine Erleuchtung in Form eines ähnlich schlichten Sinnspruchs wie dem vom kleinen Lichtlein. Er lautete: „Es muss einen anderen, es muss einen besseren Weg geben."

Überlegen Sie einmal. Wenn etwas in Ihrem Leben nicht funktioniert, auf der persönlichen Ebene oder im Hinblick auf Ihren Beruf: Gibt es vielleicht doch einen anderen, einen besseren Weg? Könnten Sie (ja, Sie, nicht die anderen – wir können ja nur uns verändern, nicht andere Menschen), also können Sie etwas an Ihrem Verhalten ändern, an Ihren Reaktionen. Und noch weiter vorgelagert: Können Sie etwas an Ihren geistigen Einstellungen ändern? Wollen Sie das? Sind Sie dazu bereit, sich auf ein solches Wagnis einzulassen?

Wenn Sie dazu bereit sind (und ich hoffe das für Sie natürlich, aber Sie selbst wissen am besten, wann der rechte Zeitpunkt für diese Bereitschaft gekommen ist), dann müssen Sie einen nächsten Schritt machen. Jede Reise, und sei sie noch so lang und führte sie rund um die ganze Erde, beginnt mit einem Schritt. Wir brauchen heute nicht die Schritte zu machen, die morgen dran sind, in einer Woche, in einem Jahr. Es geht heute nur um den nächsten Schritt. Und dann wieder um den nächsten ... und so fort.

Klingt logisch, fast banal? Es wird noch simpler. Wir können den nächsten Schritte und einige folgende nächste Schritte auch nur rein symbolisch vollziehen, sie nur im Geiste machen – und dennoch werden sie etwas im Leben bewegen und verändern. Eine leicht durchführbare und zugleich sehr wirkungsvolle praktische Form, „nächste Schritte" sowohl körperlich und räumlich abzuschreiten und dabei emotional und mental weitreichende Wirkungen selbst zu erleben, möchte ich Ihnen jetzt vorstellen.

Das, was ich unten als Übung zum Nachmachen (gerne mit selbstbestimmten Veränderungen) beschreibe, habe ich in einer ähnlichen Form in *Psychology of Vision*-Seminaren miterlebt, aber auch beim *Crimson Circle* oder bei „Gedanken werden Dinge". Auf die eine oder andere Weise ist dieser Ansatz der Vorstellung von Schritten, die man auf ein bestimmtes Ziel zugeht und auch symbolisch im Kleinen ausführt, ein Bestandteil mehrerer spirituell-psychologischer Wege, zum Beispiel im *Master Key System*.

Ich lade Sie ein, die folgende Übung mitzumachen. Entweder gedanklich beim Lesen, während Sie sitzen bleiben. Oder Sie lassen sich diese längere Übungspassage langsam von einer Freundin oder einem Freund vorlesen, während Sie stehen und nach einander die verschiedenen symbolischen Schritte auch tatsächlich ausführen und dabei durch das Zimmer gehen.

Vorwärtsübung:
Wesentlich ist immer nur der nächste Schritt

Stellen Sie sich in einem Zimmer, in dem Sie zwölf bis fünfzehn Schritte geradeaus gehen können, an einen Punkt, von dem aus das möglich ist (ohne um Möbel oder Blumen herum gehen zu müssen).

1. Sie stehen und überlegen und spüren nun: Was sind die Dinge, die mich derzeit belasten? Sie brauchen sich nicht alle Einzelheiten zu vergegenwärtigen. Und dann nehmen Sie die linke Hand etwas in die Höhe und „werfen" den ganzen Problemsack symbolisch links neben sich auf den Boden, wo er als Haufen nun liegt.
- Dann denken und spüren Sie weiter nach: Kommen Ihnen noch andere Themen in den Sinn, die irgendwie bedrückend sind? Heben Sie nun die rechte Hand etwas an und werfen Sie auch diese Themen auf den Boden.
- Sie stehen jetzt zwischen zwei unsichtbaren symbolischen Haufen. Wie fühlt sich das an? Fühlen Sie sich etwas leichter, weil diese Probleme am Boden sind und Sie sie nicht mehr mit sich herum schleppen müssen? Fühlen Sie sich andererseits nicht recht wohl zwischen den beiden Haufen?

2. Machen Sie jetzt einen Schritt nach vorn. Einfach so.
- Wie fühlt sich das hier an? Besser und wohler, weil Sie nicht mehr direkt zwischen den Problemenergien stehen?
- Zieht die Energie aber doch noch etwas an Ihnen, wie ein Gummiband?

3. Überlegen Sie nun bitte, aus der heutigen Sicht: Welchen Wunschtraum würden Sie sich gern erfüllen, welches Wunschziel würden Sie gern erreichen, mit welchem Lebensgefühl würden Sie am liebsten durch Ihr Leben gehen? Freiheit, Liebe, Erfolg, Unabhängigkeit, Gesundheit, Glück, ein schönes Zuhause, eine liebe Familie, eine gute Beziehung ...
- Wenn Sie all das – es kann ja Mehreres sein – nun in einem einzigen Bild zusammenfassen: Was wäre das schönste Bild, das Sie sich ausmalen können?
- Entscheiden Sie sich für ein wundervolles symbolisches Bild, auch wenn das jetzt reine Phantasie ist. Es könnte ein Sonnenaufgang am See sein, ein Sonnenuntergang am Meer, eine Hätte am Berg, ein Kreis lieber Menschen, eine goldene Pyramide, ein rosa Herz, eine weiße Rose... und und und
- Stellen Sie sich vor, dass dieses Bild am Ende Ihrer kleinen Wegstrecke im Zimmer ist, zehn bis zwölf Schritte vor Ihnen.
- Und nun machen Sie einen Schritt auf dieses gedachte Ziel hin.
- Wie fühlt sich das an? Freuen Sie sich, dass Sie diesem Wunschziel einen Schritt näher gekommen sind? Möchten Sie gerne rasch weitergehen? Bitte tun Sie das jetzt noch nicht, bevor Sie nicht bewusst die nächsten Schritte vollzogen haben.

4. Welche Eigenschaft haben sie in sich, die Ihnen helfen könnte und würde, Ihrem Wunschbild näher zu kommen, der Sie aber bisher noch keinen rechten Raum in Ihrem Leben gegeben haben?

- Falls mehrere Eigenschaften auftauchen, entscheiden Sie sich bitte jetzt nur für eine.
- Und dann fragen Sie sich selbst und spüren in sich hinein: Bin ich ab heute bereit, diese meine Fähigkeit oder Eigenschaft oder Gabe wirklich zu leben? Ihr mehr Raum zu geben? Ihre Kraft in meinem Leben fließen zu lassen?
- Legen Sie beide Hände auf die Brustmitte und spüren Sie: Bin ich bereit, diese Stärke zu leben?
- Wenn Sie dazu bereit, machen Sie nun einen weiteren Schritt auf Ihr Ziel hin. Wie fühlt es sich an, dass Sie diesen Schritt gemacht haben, dass Sie sich selbst die Erlaubnis gegeben haben, zu Ihrer Eigenschaft zu stehen?

5. Spüren Sie nun, ob es in Ihnen noch ein Hindernis gibt, eine Blockade, ein altes Muster, was den nächsten Schritt auf Ihr Ziel hin schwierig macht?
- Wenn Sie da etwas spüren, stellen Sie sich nun einen lieben älteren Menschen vor, der bereits verstorben ist. Es kann eine Oma oder ein Opa sein, ein Onkel oder eine Tante, oder ein Freund der Familie. Es soll auf jeden Fall ein Mensch sein, der Ihnen sympathisch war, dem Sie vertraut haben, bei dem Sie sich rundherum wohl fühlen.
- Stellen Sie sich vor, er bzw. sie könnte jetzt zu Ihnen kommen und Sie könnten diesen Menschen um rat bitten, wie Sie am besten mit der Blockade umgehen.
- Welchen Rat gibt dieser liebe Mensch Ihnen? Welches Gefühl oder vielleicht auch, welchen Symbolgegenstand gibt er Ihnen?
- Sind Sie bereit, diesen Hinweis oder Gegenstand anzunehmen? Dann legen Sie beide Hände wieder auf die Brustmitte, schließen die Augen, bedanken sich bei diesem Menschen, verabschieden sich, und öffnen die Augen wieder.
- Blicken Sie auf den gedachten Punkt, wo Ihr Wunschziel ist und machen Sie einen weiteren Schritt darauf zu. Wie fühlt sich das jetzt für Sie an?

Übrigens: Spielen die beiden Problemhaufen eigentlich noch eine Rolle? Oder haben Sie sie ohnehin schon ganz vergessen gehabt?

6. Sie stehen nun schon ein gutes Stück näher an Ihrem Wunschbild. Schließen Sie die Augen und denken Sie an Ihren Vater. (Es spielt keine Rolle, ob er noch lebt oder nicht.)
- Spüren Sie bitte: Was möchte Ihnen Ihr Vater von der Seelenebene (also von dort, wo es keine Rolle spielt, ob es auf der weltlichen und emotionalen Ebene Missverständnisse oder Einvernehmen, ein gutes oder ein schlechtes Verhältnis zwischen Ihnen beiden gab!), was möchte Ihr Vater Ihnen mit auf den weiteren Weg geben? Welchen Hinweis, welche Ermunterung?
- Vielleicht auch einfach – Sie begegnen ihm ja jetzt auf der reinen Seelenebene! – den Satz: „Ich liebe dich!"
- Sind Sie bereit, den Rat, die Liebe oder was Ihr Vater Ihnen geben mag, anzunehmen? Dann bedanken Sie sich und machen einen weiteren Schritt vorwärts.
- Wie fühlen Sie sich jetzt? Klarer, stärker, gelassener, zielstrebiger, zuversichtlicher, mutiger ...?

7. Schließen Sie wieder die Augen und denken Sie an Ihre Mutter. (Es gilt, wie bei Ihrem Vater, das Gleiche über die rein spirituelle Ebene, auf der Sie beide sich begegnen, gleich, wie die Beziehung äußerlich bisher ausgesehen haben mag).
- Was möchte Ihre Mutter Ihnen auf Ihren weiteren Weg gern mitgeben? Vielleicht spüren Sie, dass Sie Ihnen sagt „Ich liebe dich" oder etwas anderes.
- Wenn Sie bereit sind, die Gabe Ihrer Mutter anzunehmen, so bedanken Sie sich und gehen erneut einen Schritt nach vorn.
- Wie geht es Ihnen jetzt an diesem neuen Platz? Fühlen Sie sich offener, freier, liebevoller, natürlicher ... ?

8. Nun sind es nicht nur noch wenige Schritte, nur noch drei. Denken Sie an Ihren Partner bzw. Ihre Partnerin. Falls Sie derzeit nicht in einer Beziehung sind, dann denken Sie an eine frühere Freundin bzw. einen früheren Freund. Es spielt keine Rolle, ob Sie im Guten oder eher im weniger Guten zu diesem Menschen stehen. Es geht um die Einstellung auf die rein spirituelle Seelenebene.

- Spüren Sie, was dieser jetzige oder ehemalige Partner Ihnen auf Ihren Weg mitgeben möchte – welches Wort, welche symbolische Gabe?
- Wenn Sie bereit sind, dies anzunehmen, bedanken Sie sich und machen einen Schritt nach vorn.
- Wieder spüren Sie, wie es Ihnen hier geht, so dicht vor dem Ziel. Fühlen Sie sich fröhlicher, befreiter, leichter?

9. Noch einmal fühlen Sie: Gibt es noch irgendein ungelöstes Thema, ein sehr tief sitzendes Problem, ein noch nicht geheiltes und halb verdrängtes Trauma, das Sie bisher unbewusst davon abgehalten hat, Ihre Träume und Wünsche zu verwirklichen?

- Zu welchem Lichtwesen haben Sie einen persönlichen Bezug? Zu einem Engel, zu Jesus, zu Maria, zum Buddha – oder zu einem anderen geistigen Wesen, einem aufgestiegenen Meister, einem bestimmten Erzengel?
- Schließen Sie Ihre Augen und bitten Sie dieses Geistwesen, sich Ihnen jetzt in irgendeiner Form, Farbe oder Gestalt zu zeigen oder Sie spüren zu lassen, dass es in Ihrer Gegenwart ist. Das kann als Gefühl sein, als ein Duft, eine Wärme, ein Kribbeln, als inneres Bild, als Vision ...
- Nun stellen Sie sich bitte vor (vielleicht können Sie das sogar innerlich „sehen" und richtig miterleben): Dieses Geistwesen steht vor Ihnen, verneigt sich, streckt seine Hände aus und sagt: „Liebe Seele. Du wirst sehr geliebt. Du bist ein hell strahlendes Licht. Du bist wunderbar und würdig, ein erfülltes Leben zu führen. Du darfst alle deine restlichen Sorgen und Wundern vertrauensvoll in

meine Hände legen. Die Kraft des Geistes und des Himmels wird sie auflösen."
- Sind Sie dazu bereit, alles, was Sie jetzt noch bedrückt, belastet, verletzt, blockiert, oder sonst wie behindert, dem Himmel ganz und gar zu übergeben? Sind Sie bereit, es dann auch völlig loszulassen und es nicht mehr wieder doch auf sich selbst nehmen zu wollen?
- Wenn Sie bereit sind, jetzt dies alles dem Himmel zu übergeben, so tun Sie dies bitte symbolisch auch, indem Sie mit Ihren eigenen physischen Händen in die unsichtbaren symbolischen Hände des Lichtwesens Ihre Lasten abladen.
- Stellen Sie sich vor, spüren Sie, wie das Lichtwesen diese Lasten an seine eigene Brustmitte führt, wie es dort silbern und golden aufleuchtet und alle Sorgen und Wunden in einem weichen Licht der Liebe aufgelöst werden.
- Bedanken Sie sich bei Ihrem Lichtengel, öffnen sie Ihre Augen und machen Sie einen Schritt vorwärts.
- Wie ist das, so dicht vor dem Wunschziel zu sein?

10. Der letzte Schritt hat mit der Entscheidung für sich selbst zu tun.
- Stellen sie sich vor, dass zwischen Ihnen und Ihrem Traumbild nur noch so etwas wie ein durchsichtiger Schleier ist. Sie sehen das Ziel schon dicht vor sich, aber doch gibt es noch eine Trennung. - Der letzte trennende Schleier ist Ihr eigenes Ich.
- Fragen Sie sich deshalb jetzt: Bin ich bereit, mir selbst die Erlaubnis zu geben, meine Ziele zu erreichen, meine Träume zu verwirklichen, mein Leben auf erfüllte Weise zu führen? Legen Sie wieder beide Hände auf Ihre Brustmitte und spüren Sie, ob der Impuls von Innen kommt, sich diese Erlaubnis auch wirklich selbst zu geben.
- Wenn Sie diesen Impuls fühlen, machen Sie den letzten Schritt nach vorn, mitten hinein in Ihr Wunschbild.
- Fühlen Sie mit jeder Zelle Ihres Körpers und Ihres Wesens, wie wundervoll die Schwingung, das Licht, die

Freude und die Liebe sind, inmitten des Wunschziels zu sein und davon bis in die letzte Faser des Seins durchdrungen zu werden. Versuchen Sie, sich dieses Gefühl von Freiheit und Glück einzuprägen.

So, Sie haben es geschafft! Herzlichen Glückwunsch. Vielleicht sind zwischendrin Tränen geflossen, oder Sie haben sich innerlich stark berührt gefühlt. Das ist in Ordnung. Zum Abschluss der Übung können Sie die Schritte noch einmal Revue passieren lassen und sich erneut bewusst einprägen, dass Sie auf dem besten Wege sind, Ihr Ziel zu erreichen, Ihre Stärken zu verwirklichen und Ihr Leben mit einer durch und durch positiven Grundstimmung zu führen. Erinnern wir uns daran, vor allem wenn das Leben anscheinend über uns zusammenbricht, dass es immer einen nächsten Schritt gibt. Immer ist zumindest ein nächster Schritt möglich. Und wenn wir auf unser Ziel schauen und uns helfen lassen sowie uns selbst helfen, sind viele gute Schritte möglich. Dazu wünsche ich Ihnen auch an dieser Stelle Kraft und Zuversicht, geistige Klarheit und Herzensöffnung – und Segen!

Noch ein paar konkrete Hinweise, was denn die nächsten Schritte im Alltagsleben sein könnten – für die Sie jetzt vielleicht mehr Klarheit, Mut und Kraft gewonnen haben. Ich nenne nur Stichworte. Ihnen fallen sicher viel mehr Schritte ein und vor allem solche, die ganz direkt für Ihr persönliches Leben und Ihren Weg jetzt stimmig sind:
- Aufräumen; im Büro oder im Keller, in der Küche oder im Schlafzimmer.
- Das Gespräch mit einem Familienmitglied führen, das schon lange überfällig wäre.
- Den Anruf machen, die Grußkarte oder „Zwischendurch-E-Mail" schreiben, über die sie der Empfänger bzw. die Empfängerin so freuen würden.

- Das kleine Gymnastik- oder Fitnessprogramm heute beginnen, das Ihnen mehr körperliche Beweglichkeit und damit auch wieder mehr Lebensfreude gibt. Oder auch „nur" spazieren gehen.
- Das Buch lesen, das Konzert besuchen, die „Kulturauszeit" nehmen, die Sie sich eigentlich schon lange gönnen wollten.
- Das Projekt, mit dem Sie schon längere Zeit schwanger gehen, zu Papier bringen und die nächsten zwei oder drei Schritte festlegen – gleich, ob Ihnen der zehnte oder elfte Schritt schon klar ist.

Machen Sie also die nächsten Schritte, auf verschiedenen Gebieten. Damit geben Sie Signale an das Leben, ans Universum, an Ihr höheres Selbst: dass Sie bereit sind für eine persönliche Fortentwicklung, dass Sie offen dafür sind, sich kreativer im Leben einzubringen und sowohl mehr Erfolg als auch mehr Erfüllung zu erfahren.

Noch einmal: Es klingt vielleicht banal, symbolische Schritte bei der Übung zu machen. Es mag vielleicht irgendwie nebensächlich erscheinen, solche „Babyschritte" durchzuführen, wie ich sie oben skizziert habe. Die Wirkung besteht darin, dass Energie, die gestaut ist, die blockiert worden ist wieder ins Fließen gelangt. Manchmal bringt sogar einfach der feste mentale und emotionale Entschluss – ab jetzt etwas anders zu machen, ab heute mehr zu sich zu stehen, von nun an den eigenen Weg entschieden und gelassen zugleich zugehen – einen Durchbruch für Lebensenergie und Lebensfreude. Und auf wundersame Weise ändert sich dann auch im äußeren leben etwas!

8.
Deine Energie ist dein Erfolg

Wie man neue Lebenskraft schöpfen kann

Das Wort Energie kommt aus dem Griechischen und bezeichnet im Sprachgebrauch der Naturwissenschaften, vor allem in der Physik, die Fähigkeit, physikalische Arbeit zu verrichten. Es gibt mehrere Formen von Energie, die jeweils in andere Energieformen umgewandelt werden können. Dampfmaschinen treiben Schiffe und Eisenbahnen an, Wasserkraftturbinen erzeugen Strom, Verbrennungsmotoren bewegen Autos vorwärts. Der sogenannte Energieerhaltungssatz besagt: In einem geschlossenen System kann Energie weder vernichtet noch erzeugt, sondern nur von einer Form in eine andere umgewandelt werden.

Mir geht es in diesem Kapitel nicht in erster Linie um das, was wir physikalisch unter Energie verstehen, sondern was körperlich, emotional, mental und spirituell damit im nicht-physikalischen Sprachgebrauch damit gemeint ist.

Was ist Energie?
Im Sinne dieses Buches ist Energie die körperliche und geistige Spannkraft, mit deren Hilfe wir unser Leben aktiv gestalten. Energie ist in diesem Sinne ein Maß an Lebensfreude, an Sinnerfüllung, an Liebeskraft, an Herzensöffnung, an Selbstvertrauen und Gottvertrauen, an einer grundlegenden Sicherheit bei gleichzeitig legitimen

Zweifeln und auch Sorgen. Energie ist die Kraft, die uns bewegt, der Elan vital, wie es der französische Philosoph Henri Bergson nannte. In seinem Werk über die „schöpferische Evolution" spricht er von einer schöpferischen Lebenskraft, welche die Evolution steuere. Für mich ist dies keine rein biologisch- genetisch irgendwie angelegte Funktion oder ein immer nur unbewusster Prozess. Ich meine, dass schöpferische Lebenskraft als Synonym für Lebensenergie vom Bewusstsein her aktivierbar und zumindest teilweise recht leicht steuerbar ist. Eine Möglichkeit, das jetzt gleich praktisch auszuprobieren: Lächeln Sie, Einfach so. Auch wenn es Ihnen sonst so gar nicht danach ist. Lächeln Sie. Lächeln Sie vor sich hin. (Falls es gar nicht geht, denken Sie an ein nettes Ereignisse, an eine lustige Situation, und schmunzeln Sie wenigstens etwas. Wenn auch das nicht funktionieren sollte – was ich allerdings nicht glaube – dann stellen sie sich vor einen Spiegel, jetzt zwischendurch, und ziehen mit beiden Händen Ihre Mundwinkel etwas nach oben ... na sehen Sie, es geht doch. Zumindest das Schmunzeln.) Besser. Bitte lächeln Sie noch einmal und wieder.

Fühlen Sie, wie Ihre Energie schon mehr nach oben steigt, wie Sie mehr Energie spüren? Bevor wir zu weiteren praktischen Möglichkeiten kommen, wie das geht, noch ein kleiner Exkurs.

Man spricht heute viel von „freier Energie". Damit ist gemeint, dass irgendwo im Feld des Universums, sozusagen zwischen den Teilchen, eine ungeheure Energie stecken müsste, die wir doch auch irgendwie nutzen können sollten. Nikola Tesla, der geniale jugoslawische Erfinder und Entdecker, hat viel darüber gearbeitet. (Die angeblich speziell energetisierten Tesla- Wunderplatten etc., die heute so angeboten werden, sind nach meiner Einschätzung allerdings fromme Einbildung, Humbug oder schlicht Geldschneiderei.) Vor der Entdeckung und ansatzweisen Beherrschung der Energie der Atome, also vor der Nutzung der Atomkraft, zum Guten und zum Schlechten, hat sich ja auch kaum jemand vorstellen können, dass in kleinsten Teilchen eine ungeheure Energie steckt.

Etwas Ähnliches gilt auch für die Kraft des Geistes, die Energien des Bewusstseins. Mike Dooley, der philosophische Abenteurer und Autor der „Grüße vom Universum" spricht deshalb ja auch direkt davon, wenn er sagt: „Gedanken werden Dinge!"

Ja, Geist ist schöpferisch wirksam. Bewusstsein speist sich aus unsichtbaren Energiequellen, die uns viel mehr nutzen könnten, als wir bisher anwenden oder auch nur ahnen. Wir wissen inzwischen immerhin, dass wir die Fähigkeit unseres Gehirns nur zu weniger als 10% wirklich nutzen. So verhält es sich auch mit unserer Lebensenergie. Wir sind zwar mit einem schier unendlichen Potenzial verbunden, nutzen davon aber fast immer nur einen winzigen Bruchteil.

Denken wir an den Satz über die Erhaltung physikalischer Energie zurück. Energie in einem geschlossenen System kann man danach nicht „vernichten", also auslöschen, sondern nur entnehmen und in andere Formen von Energien umwandeln.

Bei Leuchtkörpern zum Beispiel elektrische Energie in Licht und Wärme. Geistige Energie lässt sich nach meiner ganz praktischen Erfahrung – und Sie haben das sicher auch schon oft selbst erlebt – sehr wohl in Lebenskraft „umwandeln". Dankbarkeit zum Beispiel in neue Motivation und Antriebskraft, etwas zu tun. Begehrlichkeiten in konzentrierte Willenskraft. Und so fort. Wir können bestimmte geistige Impulse umwandeln in Ausstrahlung und Charisma, in Durchhaltevermögen, in Tatkraft, in kreative Leistungen.

Der Physiker, Mathematiker und Computerspezialist Prof. Jean Charon hat darüber geschrieben, wie sich die Welt der Formen auf der materiellen Ebene immer mehr auflösen wird, wie alle Ordnung und aller Stoff zerfällt und so dem Gesetz der „Entropie" folgt. Gleichzeitig findet jedoch eine entgegengesetzte bzw. ausgleichende Entwicklung statt, nämlich die „Negentropie", die Ansammlung von Information, Erinnerungsvermögen, Weisheit und Liebe auf der Ebene des Geistes. Er führt aus, wie die Elektronen, die er „Äonen" nennt, Träger bzw. Feld für diese „Verdichtung" von geistigen Eigenschaften sind, wie sie die Mystiker als „All-Bewusstsein" bezeichnen.

Noch einmal anders und schlichter ausgedrückt: Energie ist geistige Frische und körperliche Leistungsfähigkeit, die Motivation, zu arbeiten und schöpferisch tätig zu werden, die Freude, zu dienen und zu helfen, die Freude Neues zu erfahren, die bewusste und gelebte Freude daran, überhaupt bewusst zu leben. Wie können wir diese wundervolle und geheimnisvolle unsichtbare, aber doch höchst wirksame Lebensenergie stärken.

Lebensenergie körperlich tanken

Hier Praxistipps, um ganz körperlich und erdverbunden anzufangen, neue Energie zu tanken. Wie häufiger in diesem kleinen Buch, sollten Sie sich bitte nicht von der Schlichtheit über die Wirksamkeit der Vorschläge täuschen.

- Frische Luft atmen; häufiger tiefer einatmen
- Glas Wasser trinken; das ist besonders für Schulkinder wichtig und besonders morgens. In der kalten Jahreszeit warmes oder heißes Wasser trinken.
- Auf viel Frisch- und Vollwertkost achten; generell eher leicht essen (ich esse seit 1975 vegetarisch, also pflanzlich, verwende aber auch Milchprodukte)
- Bewegung bringt Energie. Klingt nach einem Paradox: „Ich fühle mich doch so schlapp, ich hab gar keine Lust, rauszugehen." Gerade dann sollten Sie doch vor die Tür gehen, einmal um den Block marschieren, sich aufs Fahrrad setzen und eine kleine

Runde drehen. Die Aktivität, die scheinbar noch mehr Kraft „kosten" könnte, entwickelt und bringt Ihnen in Wahrheit mehr Energie!

Noch ein Tipp für Menschen, vor allem Frauen, die sich häufig aus unerklärlichen Gründen abgespannt, lustlos und geistig müde fühlen. Ich habe in den letzten Jahren zwei Mal in Basel und Zürich an der jeweiligen Universität ein „Eisensymposium" mit Forschern, Ärzten und Patienten moderiert und etwas Wichtiges gelernt. Das möchte ich hier mit Ihnen teilen.

Es kann sein, dass Energielosigkeit auf einen versteckten Eisenmangel zurückgeht, der aber mit den normalen Methoden nicht nachweisbar ist. (Ich erspare Ihnen und mir die wissenschaftliche Differenzierung. Das können Sie selbst bei Interesse nachlesen.) Normale Eisenpräparate und sogar pflanzliche Mittel reichen aber oft überhaupt nicht aus, weil sie nicht richtig aufgenommen werden. Dr. med. Beat Schaub und ärztliche Kollegen haben eine neue Methode der Infusion mit speziell verwertbaren Eisenformen entwickelt, die wie ein medizinisches „Wunder" wirkt. Denn nicht immer (!) sind es geistige Ursachen, die für Energiemangel verantwortlich sind. Und bei allen spirituellen Neigungen sollten wir auch die „ganz normalen" Mittel und Wege nicht übersehen oder links liegen lassen. Häufig genug geht die Wirkungsrichtung vom Körper auf den Geist, bzw. beide bedingen sich wechselseitig, wie auch die Übung am Ende dieses Kapitels zeigt.

Lebensenergie seelisch tanken
Nach diesen wenigen Tipps für mehr Energie auf der Körperebene, zwei Impulse für die psychosoziale Ebene von Lebensenergie. In der Psychologie spricht man davon, dass es zwei entscheidende Faktoren sind, die unsere „seelische Gesundheit" bestimmen: die Beziehungsfähigkeit und die Arbeitsfähigkeit.

Wenn Sie mehr „Energie" in Ihre Beziehungen „stecken", also aufmerksamer, zugewandter, ausgeglichener sind oder Ihre Beziehungen auf eine andere Weise pflegen, wird Ihr allgemeines Energieniveau ansteigen. Sie spüren mehr Lebensfreude, mehr Lebenskraft.

Gleiches gilt für Ihre Arbeit bzw. Ihren Beruf. (Hausfrauen- und Muttertätigkeit ist hier selbstverständlich genauso gemeint.) Wenn Sie beginnen oder vertiefen, Ihre Arbeit zu lieben – ja, Sie haben richtig gelesen: zu lieben – dann werden Sie mehr Erfüllung spüren, mehr Erfolg haben, mehr Energie gewinnen.

Schon erste eigene Erfahrungen aus der Schulzeit (und Schule ist für Schüler ja deren Arbeit) belegen mir das, und seither sind viele weitere Erfahrungen hinzugekommen. Ich hatte damals, da war ich vielleicht dreizehn oder vierzehn Jahre alt, überlegt, dass ich doch sowieso während der Schulstunden im Klassenzimmer sitzen müsste. (Man schwänzte bei uns keinen Unterricht.) Also könnte ich doch in dieser Zeit ebenso gut ordentlich aufpassen, mich für das interessieren, was gerade dran war und die Zeit nutzen. Das hat dann dazu geführt, dass ich mit Hausaufgaben praktisch immer sehr rasch und gut zurecht kam und erfreuliche Noten hatte.

Wenn Sie also Ihre Zeit und Zuwendung in den beiden wichtigsten Bereichen des Lebens einsetzen, wird sich Lebensfreude und Lebensmut, Lebenskraft und Lebensenergie wie von selbst entfalten und verstärken, vertiefen und erheben. Der Schlüssel dazu Geist, man kann auch sagen, das spirituelle Bewusstsein. Umgedreht wird allerdings auch ein Schuh draus. Wenn wir unsere Zeit mit unnützen Dingen vergeuden, wenn wir an alten Dingen festhalten, uns über früher einmal vergossene Milch noch heute ärgern, dann – ja, dann schwächen wir unsere Energie, dann lassen wir sie versickern und ablaufen.

Lebensenergie durch Affirmationen
Viele von uns arbeiten mit Affirmationen. Auch dies ist ein sinnvoller und wirksamer Weg. Solange er nicht zum fanatischen Dogma oder zur leeren Formel wird. Um Affirmationen in ihrer auch körperlichen Einprägung zu verstärken, empfiehlt es sich, eine Bewegung damit zu kombinieren. Sie können zum Beispiel sagen, „Ich bin stark" und dabei beide Hände zu Fäusten ballen. Oder Sie sagen „Ich bin ausgeglichen" und lächeln dazu!

Ich spreche Affirmationen halblaut, wenn ich allein im Auto bin. Nicht als Litanei oder gemurmeltes Mantra, sondern mit voller mentaler Hinwendung und ganzer emotionaler Öffnung dafür und mache tatsächlich mit einer Hand dann eine Faust. Die Ganzheit des menschlichen Organismus „merkt" sich etwas besser und nimmt es unterbewusst besser als „neues Programm" an, wenn es auch körperlich verankert wird. Die erste Beispielaffirmation verwende ich derzeit, mit allen fünf Bestandteilen, um mich zu erinnern, mit welcher inneren Haltung ich auf meinem Weg bin.

Affirmationen:
Ich bin gesund, ich bin stark, ich bin erfolgreich, ich bin glücklich, ich bin liebevoll ...

Oder: Ich bin stark, ich bin harmonisch, ich bin friedvoll, ich bin erfüllt, ich bin schöpferisch ...

Weitere Beispielbegriffe finden Sie am Schluss dieses Kapitels, nach der folgenden Übung.

Eine verblüffend wirksame Methode, um sowohl seelisch wie körperlich neue Energie und Lebenskraft, neue Motivation und Zuversicht zu spüren und auszustrahlen, habe ich bei der Therapeutin Divo Köppen-Weber kennen gelernt. Sie hat die *Alta Major-Methode* entwickelt. Ein zentraler Punkt dieser Methode ist: Bewusstseinskraft stärkt und heilt den Körper. Eine bewusste geistige Ausrichtung auf Schönheit, Harmonie und Aufrichtigkeit richtet den Körper auf, lässt alle Zellen frischer werden und ganzheitlich besser „funktionieren". Und umgekehrt bewirkt die zunächst rein körperliche Aufrichtung und Ausrichtung auf eine harmonische Körperhaltung auch eine Neuorientierung von Geist und Seele und fördert Lebensmut und persönliche Ausstrahlung.

Zwischen dem Gehirn als einem wesentlichen „Raum für Bewusstseinsentwicklung" und dem Rückenmark als Übermittler von Impulsen des Körpers an das Gehirn und auch umgekehrt besteht eine naht- und gelenklose Verbindung. Diese führt über die sogenannte Medulla oblongata und den Alta Major-Punkt zwischen Schädelunterseite und Beginn der Halswirbelsäule. Bewusstsein besteht und entwickelt sich allerdings nicht nur im Raum des Gehirns, sondern überall im Körper. (Mehr dazu in ihren eigenen Büchern und Kursen.)

Das Berühren des Körpers und erspüren seiner Schwingungen über die Hände, beides ein wichtiger Aspekt in der Alta Major-Methode, lässt sich in einem Buch ja nicht wirklich vermitteln.

Angesichts dieser Einschränkung habe ich aus meinem Erleben von Alta Major eine kleine Praxisübung entwickelt, die mir und zahlreichen meiner Seminarteilnehmer auch bereits schon in dieser Form hilft, Lebenskraft neu zu aktivieren und neue Lebensenergie zu gewinnen. Es geht bei der Übung um die Wandlung einer Form von Bewusstseinsenergie in psychosomatisch deutlich erfahrbare Veränderungen und Verbesserungen des Lebensgefühls und der Antriebskräfte.

Aufrichtungsübung:
- Setzen oder stellen Sie sich hin, wo es Ihnen lieb ist, wo Sie sich im Moment ganz wohl und gut fühlen. (Sie können die Erfahrung ja mal im Stehen und ein anderes Mal im Sitzen machen.) Es wäre gut, wenn Sie die Übung vor einem größeren Spiegel machen könnten.
- Spüren Sie in Ihren Körper. Zunächst bitte, ohne gleich etwas zu verändern! Sehen Sie sich im Spie-

gel an. Und dann schließen Sie die Augen und spüren ganz bewusst:
- Sind die Schultern etwas eingefallen oder vorgezogen?
- Ist der Brustbereich ein wenig „abgeknickt" oder „eingezogen", als ob man sich schützen müsste (oder den Busen nicht herausstrecken wollte)?

- Ist die Rückenwirbelsäule etwas „schlaff", irgendwo „abgeknickt"?
- Wird als unwillkürlicher Ausgleich die Halswirbelsäule leicht nach hinten geknickt, damit Blick und Kinn doch nach vorne gehen?
- Was spüren Sie sonst noch? (Bitte noch nichts verändern!)
- Nun fühlen Sie, wer Sie eigentlich sind und wie Sie eigentlich sein und wirken möchten.

- Und dann verändern sie sacht und sanft, ohne Anstrengung oder Überdehnung Millimeter- oder maximal Zentimeterweise Ihre Körperhaltung so, wie es ihre Empfindung Ihnen als richtig oder angemessen übermittelt. Atmen Sie einige Male tiefer durch (immer noch mit geschlossenen Augen) und spüren Sie: „Wenn ich ganz ich selbst bin, wie könnte, sollte bzw. möchte ich:
  - meinen Kopf halten?
  - meine Schultern halten?
  - meinen Brustkorb halten? – meine Wirbelsäule halten? Und nun öffnen Sie die Augen und schauen in den Spiegel. Erschrecken Sie nicht all zu sehr. Vor Ihnen sitzt der Mensch, der Sie schon jetzt ohne weiteres sein können. Ich habe bei der ersten Übung mit Divo voller Entsetzen auf die beiden Polaroid-Fotos vorher-nachher geschaut. Auf dem ersten war ich ein müder, abgekämpfter und vom vermeintlichen Druck der Alltagsarbeit „Schrei-

berling", auf dem zweiten Bild ein starker, selbstbewusster „Wikinger" Diese Übung dauert am Anfang vielleicht fünf bis zehn Minuten, später nur noch eine halbe Minute. Mit den folgenden Fragepaaren können Sie sich entweder als Fortsetzung der Übung oder zwischendurch im Alltag an ihre Kraft erinnern und Ihre Energien freier fließen und ausstrahlen lassen:

- Möchte ich Herr oder Knecht sein? Welche Körperhaltung entspricht der eines Knechtes? Welche der eines Herrn? Welche möchte ich jetzt einnehmen und verwirklichen?
- Möchte ich klar und frei sein oder verwirrt und gebunden? Welche Körperhaltung entspricht dem einen bzw. dem anderen? Welche Haltung möchte ich jetzt einnehmen?
- Möchte ich vom schöpferischen Geist erfüllt sein und in ihm wirken, oder möchte ich halbbewusst durch Leben schleifen? Welche Haltung möchte ich jetzt einnehmen? Weitere positive Adjektive: liebevoll, friedlich, erfolgreich, kraftvoll, stark, weiblich, männlich, geduldig, beharrlich, konsequent ... und und und. Die Frage lautet dann immer gleich: „Möchte ich liebevoll sein? Welche Körperhaltung entspricht dann dieser Energie?" Was passiert bei diesen Übungen? Die Aufrichtung des Körpers und das Sicheinlassen des Körpers auf seine naturgemäße Harmonie und Kraft beflügelt das Bewusstsein und vermittelt neue geistige Impulse. Und umgekehrt bewirkt die geistige Ausrichtung auf positive Eigenschaften, dass der Körper dem folgt und sich darauf einstellt, diese positiven Eigenschaften auch physisch zu manifestieren. Ihre Lebensenergie und Ihr Lebensmut werden – ohne dass Sie irgendetwas „glauben" müssten – auf ganz selbstverständliche und natürlich Weise erneuert.

9.
Lieben ohne Angst

*Den Himmel in die Herzen bringen
(und bei sich selbst anfangen).*

Was ist Liebe? Warum sehnen wir uns so sehr danach und haben doch gleichzeitig oft tiefe Angst davor? Was ist Angst? Wo fühle ich mich eng? Wie kann ich auch mit kleinen und vorsichtigen Schritten mein Herz und mein Leben öffnen? Wie können wir auch dann (wieder) lieben, wenn wir uns bitter enttäuscht fühlen? Wie finden wir (wieder) Liebe auch nach Trennungen und Verlusten? Wie schaffen wir es, Liebe nicht mehr von außen und von anderen Menschen zu erwarten – die uns zwangsläufig immer wieder einmal ent-täuschen werden und müssen (weil sie auf ihrem eigenen Weg sind und wir auf unserem und beide Wege nicht immer wie Eisenbahnschienen parallel laufen)? Wie gelingt es uns, die Quelle der Liebe in uns selbst zu finden? Wie können wir uns immer wieder mit der Kraft der Liebe verbinden und daraus leben, auch wenn wir Fehler gemacht haben (eigentlich gibt es ja keine „Fehler", weil alles Bisherige not-wendig war, damit wir bewusst dort sind, wo wir heute stehen)? Wie können wir die zarte Schwingung der Liebe und das brennende Feuer der Liebe als etwas erfahren, das Ursprung und Mitte unseres eigenen Lebens ist und innigster Kern und Wesensanteil unseres Seins?

Es gibt keinen einzigen richtigen Weg in der Liebe, in der Ehe, in Partnerschaften und Familien, unter Freunden im privaten Kreis oder und Kollegen im Beruf. Es kann nur jeder seinen bzw. ihren eigenen Umgang mit Hoffnung und Erwartung, Aussichherausgehen und Rückzug, Nähe und Liebe, Schenken und Empfangen, Erfüllung und Ent-Täuschung suchen und finden und gehen.

Ob es besser oder richtiger wäre, eine einzige Beziehung lebenslang zu führen? Für manche Menschen sicher, für andere wird es zu einer kleinen Hölle auf Erden. Ob es besser und richtiger ist, sich lieber nicht zu binden, lieber kein Risiko einzugehen, weil die Gefahr der Ent-Täuschungen so groß ist? Für manche Menschen vermutlich ja, für andere wird die ständige unerfüllte Sehnsucht nach mitmenschlicher Nähe und das bohrende Gefühl, etwas „verpasst zu haben", zu einer Last, die sich auf Herz und Schultern legt und den Menschen bedrückt.

Bei Ehen und Beziehungen, die – aus welchem Grunde auch – immer, beendet worden sind, die „ausgelaufen" oder „abgelaufen sind, spreche ich übrigens nicht von „zerbrochenen" oder „gescheiterten" Partnerschaften und auch nicht von „Versagen". Weil in solchen Begriffen Urteile stecken, wie in Stein gemeißelte unumstößliche Verdikte, die das, was war, als falsch oder schlecht deklarieren. Damit wird eine Bewertung vorgenommen, die selbst falsch und schlecht ist. Falsch, weil die Beziehung ja eine Zeit lang erfüllend, glücklich, notwendig, vielversprechend oder auf andere Weise stimmig war. Schlecht, weil damit die weiteren Lern-und Entwicklungsmöglichkeiten verbaut wird. Weil solche Begriffe etwas irgendwie „endgültig" aussehen lassen und der Blick auf die nächsten Schritte damit verstellt wird. Meinen Sie bitte nicht, ich hätte ein Patenrezept für Liebe und Beziehung, für intime Nähe ohne Ent-Täuschungen gefunden und würde ständig nur auf der rosaroten Wolke sieben sitzen und im Glücke schwelgen. Davon bin ich ziemlich weit entfernt – und allerdings ver-suche ich das auch gar nicht mehr. Aber den Mut, doch immer wieder neu zu lieben, Liebe in meinem Herzen und im Gemüt zu suchen, auch das kleinste Zeichen von Liebe der Seele und des Gefühls bei mir und anderen wahrzunehmen und wertzuschätzen – ja, diesen Mut habe ich mir bewahrt und arbeite weiter daran, ihn immer größer werden zu lassen. Denn immerhin habe ich ja viel Liebe schon erfahren, sehr viel Liebe. Von anderen: Von Eltern, Geschwistern, Lehrern, Freunden, Partnern, Kollegen, „Fremden". Und in mir selbst: In der Freude am geben dürfen, im Gebet und in der Natur, durch Meditation und den Heiligen Geist, im Kontakt mit meiner Anima und meinem Animus, in Fühlungnahme mit dem göttlichen Impuls in mir und in Ahnung von „Gott", der/die/das überall ist, in allem ist, Licht und Dunkel, Liebe und Leben.

Versuchen wir in diesem Abschnitt also kleine Erleuchtungen zu finden, wenigstens klitzekleine Funken von Licht und Hoffnung, zumindest erste Impulse für einen frischen, klaren Blick auf das, was unser eigenes inneres Potenzial der Liebe ist.

„All you need is love!" sangen die Beatles. Was ist LIEBE eigentlich? Liebe ist die stärkste Zuneigung, die ein Mensch für einen anderen empfindet. Liebe kann sich auch auf Tiere oder Dinge richten. Wir kennen Nächstenliebe und Selbstliebe sowie Eigenliebe. (Für mich ist Selbstliebe eine geistige Wertschätzung der überpersönlichen eigenen potenziellen Göttlichkeit, während Eigenliebe eher etwas mit Identifikation mit den eigenen Vorlieben und Abneigungen zu tun hat.) Wir kennen nährende Mutterliebe und Vaterlandsliebe, die früher oft in Kriege fehlgeleitet wurde. Es gibt platonische Freundesliebe und sexuelles Liebesbegehren. Bei „wahrer Liebe" geht es nicht um Nutzwert oder Zwecke, um Vorteile oder Macht. „Wenn es verletzt, ist es keine Liebe," lautet ein Buchtitel.

„Liebe" ist also ein schillernder Begriff, der sich sowohl auf die sinnliche Ebene als auf eine ethische Grundhaltung beziehen kann, auf ein unmittelbares spontanes Gefühl der All-Verbundenheit oder auf ein mystisch- entrücktes Verzücken einer All-Bewusstheit. Arbeitsfähigkeit und Beziehungsfähigkeit, also vielleicht auch Liebensfähigkeit, sind Merkmale seelischer Gesundheit. Liebe hat oft mit Freiheit, mit Entgrenzung, mit Abkehr von gesellschaftlichen Normen zu tun. Auch wenn Liebe nicht vernunftbegründet ist, ist sie deshalb noch lange nicht irrational. Mir scheint, dass Liebe zwischen zwei Menschen, wenn sie nicht auf irgendeine versteckte Form neurotisch ist, vor allem personale Freiheit und gegenseitigen Freiraum bei aller Wertschätzung und Zuneigung geben muss.

Die ersten Formen, in denen wir Liebe erfahren, sind Mutterliebe und erotische Liebe. Freundesliebe und selbstlos-fördernde Liebe, die das Wohl des anderen Menschen achtet, auch wenn er sich uns entgegen stellt, erfahren wir erst später im Leben. Manche erleben Liebe als eine stoische Grundhaltung, eine Art der Gelassenheit gegenüber dem Leben, komme was wolle. Andere spielen mit der Liebe im Rahmen von Sexualität. Wieder andere benutzen Liebesbindungen als ein Mittel, um von jemandem oder von etwas Besitz zu ergreifen. Schließlich gibt es auch die pragmatische Liebe, die zum Beispiel die Grundlage dessen ist, was man früher Vernunftehen nannte. Und schließlich gibt es in unserer Zeit eines offensichtlich doch völlig neuen Bewusstseins etwas, das ich spirituelle Liebe nenne möchte. Klar, das ist ein zusätzlicher Begriff, aber ein Begriff, der für mich ganzheitlicher ist. Spirituelle Liebe kann geistig und sinnlich sein, freundschaftlich und mütterlich, anteilnehmend und freiheitsliebend.

Von Leo Tolstoi, dem russischen Dichter und Mystiker, Gottessucher und Menschenfreund, wird diese Geschichte erzählt. Er war unterwegs und sah einen Bettler. Tolstoi kramte in den Taschen seines einfachen Bauernkittels und fand keine einzige Kopeke. So wandte er sich an den Bettler, sah ihn an und sagte: „Lieber Bruder, es tut mir leid, ich habe keine einzige Münze bei mir, die ich dir geben könnte." Daraufhin ergriff der Bettler Tolstois Hände und dankte ihm mit Tränen in den Augen, „Danke, danke!" Tolstoi war erstaunt und fragte, „Warum dankst du mir, ich habe dir doch gar nichts geben können." Der Bettler antwortete: „Doch, lieber Freund. Du hast mich Bruder genannt."

Ja, das ist Liebe. Liebe von beiden Seiten. Wie leicht ist es doch, ein Fünkchen Liebe leuchten zu lassen. Mit einem freundlichen Gruß an die Verkäuferin der Straßenzeitung oder den Bettler, denen man eine Münze gibt. Indem man den Augenkontakt sucht, um den Menschen, die lebendige Seele, einen Strahl des großen Mysteriums des göttlichen Lebens auch in diesem Wesen zu entdecken. Mit einem Dank im Alltag, mit einem Zunicken, einem festen Händedruck, einer Umarmung ...

Ich weiß, dass es viele, sehr viele Menschen gibt, die sich einsam und verlassen fühlen, die sich allein durchs Leben kämpfen müssen, die große und schwere Enttäuschungen erlebt haben. Wie sehen sich diese Menschen nach Liebe – und erhoffen sie durch einen lieben Partner, eine liebe Partnerin. Vor allem Menschen um die fünfzig und älter, deren Ehe oder Lebenspartnerschaft nicht mehr besteht, deren Kinder aus dem Haus sind, die vielleicht vor dem Ende ihrer beruflichen Tätigkeit stehen oder bereits in Pension sind, wünschen sich so oft noch oder wieder einen Menschen, mit dem sie ihr Leben teilen können. Was können wir ihnen sagen, wenn sie uns um Rat fragen? Wie antworten wir uns selbst, wenn diese Situation unsere eigene ist? Erneut: eine Antwort, die

Sie und alle anderen LeserInnen zufrieden stellt, kann ich Ihnen nicht anbieten. Für mich selbst habe ich jedoch durchaus Antwortansätze gefunden, und die möchte ich mit Ihnen teilen. Worum geht es bei der Liebe wirklich? Darum, dass ich mich selbst wirklich liebe. Als doppeltem Löwen mag mir das naturgemäß leichter fallen; für meine Kinder- und Jugendzeit war das allerdings überhaupt nicht der Fall. Ich musste erst lernen, ja, ich musste mich sogar erst bewusst dafür entscheiden, mich selbst zu lieben.

Denken Sie an die „Ich bin-Übung" aus der Einleitung zum III. Teil dieses Leitfadens (Seite 127). Können wir uns selbst lieben, wie wir jetzt sind? Lieben Sie sich? Lieben heißt dann zum Beispiel und vor allem auch, mich anzunehmen, so, wie ich bin. Bei mir: Neigung, eher hektisch und nervös zu sein, schwache Muskulatur am Oberkörper, jetzt im besten Alter einen Bauchansatz und etwas Übergewicht.

Sich selbst lieben heißt dann, sich zu verstehen und zu verzeihen, dass wir Umwege gemacht haben, in Sackgassen gelaufen sind. Aber, einen Moment mal: waren es denn Umwege und Sackgassen? Wo wären wir heute in unserem Bewusstsein ohne diese Erfahrungen? Eben, weniger wach, weniger bewusst, auch weniger gelassen und abgeklärt, hoffe ich. Wenn wir in der Kinder- und Jugendzeit Ablehnung erfahren haben oder das zumindest subjektiv so empfunden habe, wie sollen wir uns denn dann jetzt lieben? Wir haben dann doch vielleichtAngst vor Nähe – zumal, wenn emotionaler oder sexueller

Missbrauch in der Kinder- oder Jugendzeit erlitten wurde.

Und selbst in diesen schlimmen Fall (und das sage ich nicht als „Psychologe" und „Therapeut", denn das bin ich nicht, sondern als spiritueller Freund und Begleiter)

kommen Sie an den Punkt, an dem Sie sich entscheiden müssen und können: Will und muss ich weiter an der Verletzung festhalten? Will und muss ich weiter als Opfer unter dem leiden, was der Täter mir damals angetan hat. Oder kann ich – ohne zu vergessen, was gewesen ist! – einen Neuanfang wagen? Kann ich mich neu für Liebe entscheiden? Erlaube ich mir das? Gebe ich mir diese Chance des Lebens? Vielleicht anfangs in sehr kleinen Schritten und Gesten. Mit Freude am Kinderlächeln, mit Liebe zu Natur und Tieren. Mit Güte und Mitgefühl für Arme, Schwache, Leidende und Kranke.

Es bedarf zuallererst – so meine siebzigjährige Erfahrung von vielen wunderschönen Höhen, aber auch manchen anhaltenden emotionalen Tiefen – einer bewussten Entscheidung, die anfangs „riskant" anmuten mag:
- „Ich liebe mich genug, dass ich mich ab heute selbst mehr lieben werde."
- „Ich bin es mir wert, liebenswert zu sein." (Dann werden wir ganz auch „automatisch" liebenswürdiger.)
- „Ich vertraue mir, ich vertraue dem Leben."

Wenn Sie einmal den Entschluss gefasst haben, sich selbst zu lieben, zumindest Schrittchen- und Stückchenweise immer mehr und immer bewusster, werden Sie feststellen, dass es dann bald leichter fällt, auch andere Menschen zu lieben. Natürlich nicht alle, in diesem Buch geht es ja auch nur um kleine Erleuchtungen, nicht gleich um die eine ganz große ...

Chuck Spezzano macht folgende interessante „Rechnung" auf: Hinter allen Problemen stecken Beziehungsprobleme. Hinter allen Problemen in Beziehungen zu anderen steckt ein Problem, das ich in der Beziehung zu mir selbst habe. Im Problem in der Beziehung zu mir selbst steckt ein Problem in meiner Beziehung zu Gott, zum Leben an sich, zum Universum., Übertragen wir das nun auf das Thema Liebe: Wenn ich keine Liebe zum Leben (mehr) spüre, steckt dahinter vielleicht ein Mangel an Liebe zu anderen Menschen. Das geht unter Umständen auf einen Mangel an Selbstliebe zurück. Und dies wiederum auf das Gefühl, dass das Leben, dass Gott bzw. das Universum mich nicht liebt. Nicht so einfach, oder? Klingt wie ein Teufelskreis, aus dem man gar nicht so leicht heraus kommt.

Meiner Ansicht nach ist der direkteste „Ausweg" aus diesem Dilemma (der aber vielleicht auch am meisten emotionalen Mutz erfordert) die Entscheidung, sich selbst möglichst vorbehaltlos anzunehmen. Mit unseren Stärken und Talenten und Gaben fällt das ja leicht. Aber wir müssen wohl oder übel, glaube ich, auch lernen, unsere Schwächen, Zweifel, Sorgen, Ängste, Ungereimtheiten, Kanten, Unklarheiten, Zwiespältigkeiten, also unsere Unvollkommenheit anzunehmen und als zutiefst menschlich schätzen und sogar lieben zu lernen. Vielleicht bin ich ein unverbesserlicher Optimist, vielleicht sehe ich die Dinge zu sehr durch eine rosarote Brille.

Aber ein Leben ohne den Versuch, mehr Liebe zu leben, mehr Liebe zu spüren, zu geben, zu empfangen, zu erschaffen kommt mir recht leer und sinnlos vor. Da gehe ich persönlich lieber das Risiko ein, Liebe zu wagen (obwohl es mir dabei auch manchmal noch gar nicht so weit ums Herz, sondern eher eng und flau und zittrig sein mag). Denn so gehe ich doch den Weg, den mein Herz und meine Seele und oft genug auch meine Gefühle und mein Verstand deutlich zeigen.

Spirituelle Liebe tiefer und höher zu erfahren, spirituelle Liebe weiter und stärker fließen zu lassen – das ist für mich eine entscheidende Antriebskraft im Leben. Ihnen wünsche ich von Herzen, dass Sie – auf Ihre eigene Weise! – diese spirituelle Liebe erleben, empfangen und schenken. Eine wundervolle Übung, um sich auf den unermesslichen Liebesreichtum der Seele einzulassen, möchte ich Ihnen jetzt vorschlagen. Sie sollten diese Übung bei den ersten fünf oder zehn Malen am besten nur gemeinsam mit einem Menschen durchführen, mit dem Sie sich rundherum wohl und geborgen fühlen. Es ist eine Übung, die sehr tief und weit reichen kann, die aufwühlen kann. Vielleicht sparen Sie sich diese Übung auf, wenn sie von erfahrenen und verantwortlichen Leitern in einer guten Gruppe angeboten wird, in der Sie sich geborgen wissen. (Ich sage es noch klarer: Für Menschen in seelischen Nöten oder mit starken emotionalen Schwankungen eignet sich diese Übung nicht!)

Seelenbegegnungsübung: In die Seele schauen

Sie setzen sich zu zweit gegenüber auf einen Stuhl.
Sie lassen angenehme Musik spielen, die Sie beide mögen. (Mir gefällt hawaiianische Musik besonders, weil man darin viel von der möglichen Leichtigkeit des Seins spürt.)

Sie fassen sich an den Händen und sehen sich in die Augen.

Lassen Sie sich darauf ein, was Sie im anderen Augenpaar sehen – ohne Bewertung, ohne dabei zu zerfließen oder sich dagegen zu sperren ...

Nehmen Sie einfach wahr, was ist und was auftaucht ...

Spüren Sie, was ist und was auftaucht ...

Lieben Sie, was ist und was auftaucht ... Eventuell hilft es Ihnen, um zentriert zu sein und zu bleiben, offen und dabei doch auch geerdet, wenn Sie geistig oder im Herzen ein Mantra oder eine Affirmation ab und an wiederholen (z.B. „Ich bin Verständnis" ...)

Führen Sie diese Übung bei den ersten malen vielleicht zwei bis drei Minuten durch, später unter Umständen länger. Es kann durchaus passieren, dass Sie oder der andere oder Sie beide lachen oder weinen, ekstatisch werden oder im Bewusstsein verschmelzen, oder dass sich andere ungewohnte Phänomene einstellen. Solange sich diese gut anfühlen, ist es gut. Wenn sie für einen von Ihnen nicht mehr stimmig sind, können Sie die Übung ja mit einem gegenseitigen Händedruck und einem Lächeln beenden.

 Es ist ganz wichtig, finde ich, dass Sie sich danach ausgiebig austauschen. Erzählen Sie sich, was Sie in den Augen des anderen Menschen, in diesen Fenstern zu seiner Seele, gesehen und erlebt haben. Es ist ja selbstverständlich, dass dies sehr nahe, intime Erfahrungen sind, die vertraulich bleiben! Sie werden vermutlich feststellen (so ist es zumindest mir immer wieder ergangen), dass Sie eine ganz neue Nähe zum Wesen eines Menschen spüren und dass Sie darin zugleich erfassen, was uns allen Menschen gemeinsam ist: Das Wunder eines reichen Lebens und einer Entfaltung von bewusstem Sein, die sich rational gar nicht begreifen lässt. Dieses Wunder offenbart sich jedoch immer wieder einmal in der Tiefe der Seele, wie sie aus den Augen schaut – und so gewinnen wir mehr Stärke und Mut, uns neu auf die Kraft der überpersönlichen, spirituellen Liebe einzulassen.

Teil 4

Was erfüllt dich und die Welt?
Deine Beziehung zu dir und zu Gott

„Wie wird man zu einem Schmetterling?", fragte
sie nachdenklich.
„Du musst so sehr wünschen zu fliegen,
dass du bereit bist, dein Raupendasein
aufzugeben."
Trina Paulus

Der Verstand kann uns sagen, was wir
unterlassen sollen.
Aber das Herz kann uns sagen, was wir tun
müssen.
Joseph Joubert

Das Herz
Das Zeitalter der Dampfmaschine, der Mechanik und
Technik ist zu Ende. Das Zeitalter der Informations-
und Kommunikationstechnologien, der der Computeri-
sierung und Weltraufahrt ist in vollem Schwung. Auch
dieses Zeitalter neigt sich jedoch absehbar seinem natür-
lichen Abschluss zu. Beides heißt nicht, dass wir indus-
trielle Technik und Hochtechnologie nicht mehr nutzen
würden. Aber wir werden nicht mehr glauben, dass sie
das Beste, Höchste, Schönste und Erstrebenswerteste
sind.

Nicht mehr Machbarkeiten werden uns zu weiteren
Entwicklungen als einzelne Menschen und als globale
Menschheit anregen, sondern das, was Herz und Seele

berührt. Der Kopf zerteilt die Welt in Millionen Stücke. Das Herz macht alles wieder ganz. Wir erleben ja, was in der Gesellschaft geschieht und welche Folgen das für viele Einzelne hat, wenn lange Zeit Verstand und „Ratio" vorherrschen, Früher, hoffentlich nicht später, werden Herzlichkeit und Menschlichkeit, geistige und moralische Werte, Gemeinsamkeiten und Ebenbürtigkeit Einzug halten. Dafür wirken wir ja, Sie und ich und viele andere „LichtarbeiterInnen", also Menschen, die bewusst an der Bewusstseinsentwicklung arbeiten und mit geistigen Energien wirken.

10.
Kleine Erleuchtungen

Befreite Schritte zu einer fröhlichen Spiritualität. Es gibt nur einen Weg: Deinen! Das war für mich ein entscheidender Durchbruch, eine echte Befreiung: Zu erkennen, dass es nicht da draußen irgendwo oder im geheimsten Inneren einer spirituellen Lehre den einen und einzigen Weg gibt, nicht den einzigen erleuchteten Lehrer, nicht die allein seligmachende Lehre. Sondern ich und wir alle müssen wohl oder übel die Herausforderung der neuen Zeit annehmen, unseren eigenen Weg zu finden. Sicher, wir können auch in den eingefahrenen Gleisen bleiben, wir können in der bisherigen Spur von Konfession oder Methode, Dogma oder Vorschrift weiter durch unser Leben zuckeln und trotteln. Und dazu neigen wir naturgemäß ja auch, weil das mehr Sicherheit verspricht, weil wir uns in einer anerkannten Gruppe wohler fühlen, weil wir nicht das Risiko des eigenen Denkens, Forschens, Spürens eingehen müssen.

Denn selbstverständlich ist jeder eigene Weg, schon jede kleinste Abweichung vom „offiziellen" Weg mit dem Risiko behaftet, dass wir uns auf einen Irrweg begeben, dass wir in einer Sackgasse stecken bleiben, das wir „versagen" und „scheitern". Und dennoch ... Denken Sie an das 4. Kapitel über die Modelle. Mich persönlich überzeugt das Kugelmodell mehr als die anderen Modelle, die ich bisher kennen gelernt habe (ich will ja nicht ausschließen, dass es noch bessere, stimmigere gibt, die ich einfach noch nicht kenne). Das heißt jedoch, dass zuallererst immer wir selbst die Verantwortung für unser Erwachen, für unsere spirituelle Suche und unser spirituelles Finden und verwirklichen tragen – nicht andere. Weder eine Kirche, noch eine philosophische oder psychologische Schule, und schon gar nicht eine „Wissenschaft", die sich der messbaren Machbarkeit verschrieben hat und den Wert von Meta-Physik für Leben und Sinn nicht mehr zu kennen scheint und auch keine selbsternannten oder dazu gemachten Gurus können uns abnehmen, was unsere eigene ureigenste und vornehmste Aufgabe und Herausforderung ist: zu leben!

Es gibt eine schöne Geschichte aus dem chassidischen Judentum über den Rabbi Schneur Salman von Liadi. Sie geht ungefähr so. Der Rabbi fragt einen Schüler: „Mosche, was ist das, `Gott´?" Mosche antwortet nicht, der Rabbi stellt die Frage noch einmal und wieder, Mosche schweigt weiter. Der Rabbi fragt ihn, warum. Mosche antwortet: „Weil ich es nicht weiß." Der Rabbi sagt daraufhin aus einem Tiefgefühl heraus: „Weiß ich´s denn? Aber ich muss sagen, denn so ist es: Er ist deutlich da, und außer ihm ist nichts deutlich da, und das ist er." (Nach Martin Buber; siehe Literaturverzeichnis im Anhang.)

Wenn wir nun fragen, nein, nicht gleich nach „Gott", sondern etwas irdischer, nach dem Leben: „Was ist das Leben?" – „Warum ist das Leben?" – „Wie soll oder kann ich leben?" – „Wie finde ich Sinn im Leben, wie gebe ich ihm und mir Sinn?" Ja, auch wir müssen ehrlicherweise antworten, „Weiß ich´s denn?" Und dennoch spüren wir, wissen wir, fühlen wir, erfahren wir, dass überall um uns herum Leben ist, dass Leben in uns ist, vielleicht ahnen wir sogar, dass wir selbst Leben sind. Und Sie und ich und alle – jeder von uns ist einzigartig. Jeder ist in seine individuelle Lebenssituation gestellt, hat unterschiedliche Gaben und Fähigkeiten, Chancen und Hindernisse. Sicher gilt für uns alle gemeinsam Leben, Gott, Bewusstsein, Liebe. Aber das „Wie?", das ist von Mensch zu Mensch unterschiedlich. Der Weg im bewussten Sein, die Manifestation von Liebe, die Erkenntnis von Gott außen und innen – das ist ein sehr persönlicher Vorgang. Ebenso, wie Geburt und Tod sehr persönlich sind.

Und da gilt es, so meine ich, dass wir unseren eigenen Weg suchen und finden. Es gibt nach meiner bisherigen Erfahrung leider kein Patentrezept für existenzielle Fragen, kein Allheilmittel für unsere menschlichen Grundängste, keinen absolut und immer gültigen Weg, um die große ewige Erleuchtung zu erlangen. Damit ich nicht missverstanden werde: Das ist keine Kritik und keine Abwertung an Schulen, Methoden, Wegen und Gruppen, die so etwas anbieten und davon überzeugt sind. Wenn es ihnen und ihren Mitgliedern hilft – wunderbar!

Vielleicht zählen Sie jedoch zu jenen Menschen, die solche Phasen bereits durchlaufen und nun festgestellt haben, dass es „mehr" und anderes geben muss. Dass Hoffnung und Glaube allein noch nicht ans Ziel führen, sondern es Zeit für eigene, wenn auch anfangs ungesicherte eigene Erfahrungen ist.

So, ich meine, mein Ansatz ist klar genug geworden. Deshalb möchte ich Sie nun mit einer Bewusstseinshilfe bekannt machen, der ich 1975 zum ersten Mal begegnet bin und die seither mir geholfen hat und auf die ich immer wieder einmal zurückgreife, wenn es darum geht, den eigenen Weg zu finden.

Es geht um die Suchfrage „Wer bin ich?" Die Suchfrage „Wer bin ich" wurde von Ramana Maharshi, einem indischen Weisheitslehrer (1879–1950), als einzige Art der formalen Lehre vermittelt.

Ansonsten wirkte er vor allein durch seine Ausstrahlung. Ramana Maharshi ist einer der interessantesten Weisen Indiens aus diesem Jahrhundert. Er lebte in Tiruvannamalai in Südindien, südlich von Madras, das jetzt Chennai heißt. Er prägte Sätze wie: „In Wirklichkeit gibt es keinen spirituellen Fortschritt. Gäbe es einen

Fortschritt, so gäbe es einen Anfang und ein Ende. Das Selbst ist aber immer das Selbst, unveränderlich, ewig, seiend, bewusst." Und auch: „Reinkarnation existiert nur so lange, wie Unwissen besteht. In Wirklichkeit gibt es überhaupt keine Reinkarnation, weder jetzt noch früher. Noch wird es sie in der Zukunft geben. Das ist die Wahrheit."

Nur das niedere Ich, das Ego mag reinkarnieren; das Selbst wird weder geboren noch stirbt es, also kann es sich auch nicht reinkarnieren. Ramana Maharshi befasste sich nicht mit magischen Kräften noch empfahl er, sie zu suchen oder auszuüben.

Obwohl viele Schüler von allen möglichen Wundern berichteten, zum Beispiel dass er ihnen an entfernten Orten erschienen sei oder auf überirdische Weise geholfen habe, wollte er damit nie etwas zu tun haben. Über die verschiedenen Meditationsmethoden urteilte er nicht, stellte aber ernsthaften Suchern die Suchfrage „Wer bin ich", auf immer wieder eine Weise. So wurde er nach dem Wert von Nada Yoga, der Meditation mit der inneren Musik, gefragt und antwortete ungefähr so: Die innere Musik vermag den Übenden in einen Samadhi-Zustand (Erleuchtungszustand) zu schmeicheln – aber es bleibt auch dann noch die Frage zu beantworten, „Wer erlebt den Samadhi?"

Ramana Maharshi legte großen Wert auf die Unterscheidung, dass wir es in der Meditation mit drei Faktoren zu tun haben: mit dem Meditationsgegenstand und den Erlebnissen bzw. Phänomenen in der Meditation; mit der Art und Weise, wie wir Gegenstand und Erlebnisse wahrnehmen bzw. erfahren; schließlich mit dem Wesen, welches wahrnimmt.

Meditationserfahrungen – Meditationsprozess – Meditierende Person: drei Faktoren, von denen wir meistens nur die ersten beiden beachten. Am wichtigsten ist nach

Ramana Maharshi jedoch die Frage, „Wer meditiert?" Vielleicht denken: „Ich natürlich!" Aber wer sagt „Ich"? Die Antwort ist vielleicht einfach innen zu spüren, aber nicht leicht zu verstehen bzw. im Alltag zu verwirklichen. Eine Reihe von Fragen wird Ihnen sozusagen ein Licht aufgehen lassen. Sie können statt Wer auch immer Was einsetzen.

- Wer schläft? Ich? Warum träume ich dann?
- Wer träumt? Ich? Welches Ich? Der Körper? Das Gemüt? Der-Geist? Die Seele? Wer von denen nimmt den Traum wahr?
- Wer ärgert sich? Wer nimmt den Ärger wahr, wenn ich mich ärgere? o Wer liebt? Wer nimmt Liebe wahr, wer strömt Liebe aus?
- Wer sieht? Wer oder was schaut aus dem Dunkel, aus dem Loch der Pupillen heraus? Welche Kraft, welches bewusste Wesen, welches bewusste Sein blickt uns an? Und wer sieht inneres geistiges Licht in der Meditation?
- Wer hört? Wer nimmt äußere Geräusche wahr? Und wer hört die innere Musik der Sphären, die unsere körperlichen Ohren ja gar nicht hören können?
- Wer wird geboren? Die Persönlichkeit? Ich? Was ist am Anfang da? Woher kommt der Geist, der den kleinen Körper immer mehr und immer bewusster belebt?
- Wer stirbt? Der Körper? Ist nicht jedes einzelne Molekül unserer Körperform spätestens nach sieben Jahren gegen ein neues ausgetauscht worden? Haben sich nicht unsere Gefühle und Gedanken das gesamte Leben hindurch wesentlich verändert, sind nicht überholte Gemütsregungen „gestorben" und neue aufgetaucht?

Nun möchte ich Ihnen eine meditative Übung mit dieser Suchfrage „Wer bin ich?" vorschlagen. Ich möchte eine kleine „Warnung" voranstellen. Schon die „Wo bin ich?"-Meditation (siehe mein Buch über Meditation im Literaturverzeichnis) kann Sie auf eine derart intensive Weise mit bisher noch nie gespürten Bewusstseinsebenen konfrontieren bzw. Sie dort „hineinwerfen", dass sich vielleicht Ängste einstellen. Angst vor dem großen Unbekannten, vor der Weite des menschlichen Bewusstseins, davor, in Berührung mit einer so tiefen und hohen und zugleich transformativen Wahrheit zu gelangen, dass sich das gesamte Leben verändert.

Das gleiche könnte Ihnen in dieser Meditation „Wer bin ich?" geschehen. Es ist, als ob man sich gesammelt und entspannt und über eine längere Zeit hinweg selbst im Spiegel in die Augen schaut und immer wieder fragt, sinniert, fühlt: „Wer schaut aus den dunklen Löchern der Pupillen heraus?" Ich rate nie zu einem „Crash-Kurs" der forcierten Bewusstseinserweiterung. Das könnte zu psychischen Einbrüchen führen, zu nervlichen Spannungen oder seelischen Nöten, die wir vielleicht nicht mehr alleine und ohne weiteres bewältigen können.

Deshalb erneut der Hinweis: Am besten meditieren Anfängerinnen und Anfänger zumindest einmal eine gewisse Zeit unter der Anleitung eines kompetenten Lehrers bzw. einer solchen Lehrerin!

Wer bin ich-Übung?

Der Sinn der Übung mit der Suchfrage „Wer bin ich?" besteht darin, zum Wesen von bewusstem Sein jenseits der Formenwelt vorzustoßen. Wir wollen erkennen, wer meditiert – nicht, was wir in der Meditation erleben. Wir wollen uns von der zweifellos oft spannenden Wahrnehmung von zeitlich begrenzten Erscheinungen und Phänomenen des Lebens lösen, darüber hinausgehen und uns im innersten Wesen und Kern als reines Sein erkennen.

Nehmen Sie sich etwa zehn Minuten Zeit. Setzen oder legen Sie sich bequem, gelockert und sehr wach hin. Notfalls spülen Sie den Mund mit etwas Wasser und befeuchten sich Hals, Nacken, Schläfen und Stirn, um wirklich wach zu sein. Schnaufen Sie aus, lassen Sie Alltagsangelegenheiten los.

- Sitzen oder liegen Sie ruhig, ohne etwas zu wollen oder zu erwarten. Vielleicht reagiert Ihr Körper in den ersten Minuten mit Entspannung in manchen Gliedern und Zonen – achten Sie aber nicht speziell darauf.
- Stellen Sie sich dann lautlos, in Gedanken und Gefühlen, die Frage „Wer bin ich?"
- Warten Sie, ohne irgendeine spezielle Antwort zu erwarten, was Sie empfinden. Wer bin ich? Wer bin ich? Wer bin ich? Wer bin ich wirklich?
- Wenn Gedanken oder Gefühle aufkommen und sich zwischen Sie und Ihre Wahrnehmung schieben, wandeln Sie die Suchfrage ab in „Wer denkt?" – Wer hat die Gedanken? – Wer nimmt Gedankenwellen wahr? – Wer fühlt? – Wer hat Gefühle?
- Wer wird von Gefühlswellen bewegt? Geben Sie sich reichlich Zeit. Fragen Sie dann weiter:
- Bin ich der Körper oder habe ich einen Körper? Wer hat den Körper?
- Bin ich meine Gefühle oder habe ich Gefühle? Wer hat Gefühle?
- Bin ich die Gedanken oder habe ich Gedanken? Wer hat Gedanken?
- Wer meditiert? Wer nimmt Meditationserlebnisse wahr?
- Wer atmet? Wer lebt? Wer ist bewusstes Sein?
- Wer meditiert?
- Beschließen Sie die Übung mit drei Minuten absichtsloser Stille.

Wenn zwischendurch Gedanken, Gefühle, Wärme, Licht, Klänge oder anderes in Ihrem Bewusstsein auftauchen, stellen Sie immer wieder ruhig und gelassen, ohne jede Bewertung, die jeweils abgewandelte Frage „Wer empfindet Wärme?" - „Wer sieht Licht?" - „Wer hört Klänge?" Gehen Sie einige Male zurück zur Frage „Wer bin ich? ... Wer bin ich?"

Nach der Übung achten Sie darauf, ob sich etwas in Ihnen verändert hat, ob Sie mehr oder weniger Sie selbst sind, ob Sie sich wohler und besser fühlen oder nicht! Sie werden umso intensiver zum Kern Ihres Wesens werden und Masken unterschiedlicher Herkunft ablegen können, je genauer Sie wertfrei bei der Frage Wer bin ich? bzw. Wer nimmt wahr? bleiben, sobald bestimmte spezifische Bewusstseinsimpulse eine konkrete und damit relative Form annehmen.

11.
Bist du Gottes geliebtes Kind?

Frage dein Herz! Wo findet die Seele Zuflucht? Welche hohen und höchsten Hoffnungen und Visionen hegst Du? Wo findest du Geborgenheit? Wie ein mächtiger Strom fließt unser Leben dahin. Mal nimmt uns diese starke Kraft langsam und gemächlich, fast träge mit sich und wir mögen uns sogar geborgen in ihm fühlen. Mal wird sie zu einem reißenden Gewässer, das uns durch wilde Strudel wirbelt und auf steinigen Untiefen hart aufschlagen lässt. Immer aber strömt der Fluss der Lebenszeit weiter, unaufhaltsam, einem meist ungewissen Ziel entgegen. So sehr wir Anker werfen, uns an einem Ufer, auf einer Sandbank im Strom, auf einer kleinen Insel oder auch nur an einem aus dem Wasser herausragenden Felsbrocken festhalten wollen, treibt, zieht und schwemmt uns diese seltsame Kraft weiter und weiter. Die meisten von uns mögen das unbekannte Ziel fürchten, manche es voll gespannter Aufregung erwarten.

Immer aber bleibt es irgendwie rätselhaft. Dabei sind wir uns nicht bewusst, dass der Lebensstrom bereits selbst ein Teil des Geheimnisses seines Ziels birgt. Er selbst verkündet eine Botschaft, die aus bequemer Dumpfheit zum geistigen Erwachen, von beklemmenden Lebensängsten zur glücklichen Erfüllung führen kann: „Alles fließt! Alles entwickelt sich immerfort, es gibt keinen Stillstand!"

Wenn wir ohne Widerstände dem Fluss der Zeit folgen und der großen schöpferischen Kraft vertrauen, die alles Leben bestimmt, finden wir Heil und Heilung. Das jedoch wird uns kaum gelingen, solange wir nicht beginnen, aus der innersten Quelle des Lebens zu schöpfen, solange wir die Quelle dieses geheimnisvollen Wunders des Lebens noch nicht einmal entdeckt haben: das geistige Herz und die Kraft der Liebe.

Wie alles in der Welt, wie das Schwimmen im Wasser, das Spielen eines Musikinstruments, die Bedienung einer Maschine, müssen auch geistige, seelische und gefühlhafte Fähigkeiten erlernt, geübt und so erst wirklich erworben werden. Das mag zwar ungewohnt und mühsam sein, es erfordert auch einen ziemlich großen Einsatz von Zeit und Energie, aber immerhin ist es doch möglich.

Unser Herz ist genauso der Liebe fähig wie das des Buddha. Geist ist Herz und Verstehen ist Liebe! Das bekräftigt der buddhistische Weisheitslehrer Thich Nhat Hanh. Darin liegt eine Aufforderung zur geistigen Arbeit, zur Transformation, zu einer Entdeckungsreise auf dem Weg des Herzens und der Liebe. Darin liegt aber auch die wunderbare Chance, zu wachsen und zu reifen und eine Quelle von Freude, Licht und Erfüllung zu entdecken, deren Vorhandensein uns meist gar nicht bekannt war. In jedem Menschen ist der schöpferische Funke, jeder Mensch ist sogar seinem Wesen, seiner Seele, seinem Selbst nach dieser schöpferische Funke. Jeder Mensch ist in seinem innersten Kern Herz und Liebe und deshalb auch Geist und Verstehen. Die Buddha-Natur ist das Wesen jedes Menschen, nein, sogar jedes Lebewesens! Christlich gesprochen ist es das Geburtsrecht und Erbe jedes Menschen, ein „Kind Gottes" zu sein, und als „verlorener Sohn" oder „verlorene Tochter" zurück zur Quelle zu gelangen. Religion meint ja genau das, nämlich re-ligio, Rück-Verbindung. Und in diesem Sinne gilt das Jesuswort, „Seid vollkommen, wie euer Vater im Himmel vollkommen ist" für jeden einzelnen von uns. Erkenntnis und Verwirklichung der „Buddha-Natur" beziehungsweise Rückverbindung mit der Quelle und Vervollkommnung sind – obwohl sie uns allen bereits zu eigen sind und nicht erst „gemacht" werden müssten – nach aller Erfahrung jedoch keineswegs ein selbstverständlicher Teil unseres Alltagslebens. Diese Eigenschaften und die daraus erwachsenden Fähigkeiten sind vielmehr meist ziemlich verschüttet, wir fühlen uns oft wie „abgeschnitten" davon. Dann meinen wir vielleicht, dass bereits die Mitteilung, dass es tatsächlich ein Geburtsrecht auf die Erfüllung durch den Heiligen Geist gäbe oder dass wir tatsächlich eine ureigenste Buddha-Natur besäßen, blasphemische Überheblichkeit wäre, verblendete Illusion oder naive Frömmelei. Thich Nhat Hanh erinnert jeden von uns jedoch daran, dass wir selbst auf dieselbe liebevoll-gelassene Art und Weise unser Leben erfahren und gestalten können wie der historische Buddha. Das Gleiche gilt für die Nachfolge Christi, zu der Jesus selbst aufgerufen hat und zahlreiche Mystiker nach ihm. Ein Werk von Thomas von Kempen, das um 1418 erschien, heißt sogar ausdrücklich „Nachfolge Christi" und will genau dazu anleiten.

Liebe ist die beste Medizin. Liebe aus dem Herzen geht nie aus. Herzensmedizin kostet kein Geld.

Glauben Sie, dass es zu viel Liebe in der Welt gibt? Finden Sie, dass die Menschen zu sehr aus dem Herzen leben? Erleben Sie im Alltag, zuhause in der Familie, am Arbeitsplatz, im Freundeskreis so viel herzliche Menschlichkeit, dass sie sich davon schier erdrückt fühlen? Vermutlich ist die Antwort jedes Mal „Nein". Was tun? „Reformer werden gebraucht. Menschen, die sich selbst verändern!" – „Ändere dich selbst und du änderst die Welt." – „Jede Transformation beginnt innen." So lauten wohlbekannte Einsichten, die wir alle sicher schon einmal gehört haben. Was ist also zu tun? Wir können nur bei uns selbst beginnen und selber liebevoller werden. Jeder Gedanke, jedes Gefühl, jedes Wort und jede Handlung sollten wie ein Tropfen Liebe aus der Flasche mit der Herzens- Wundermedizin sein.

Möglich, dass sich Menschen wundern, dass wir heute „anders" sind. Das macht nichts.

Eine weitere wichtige Form der inneren Öffnung für die Kraft des seelischen und geistigen Herzens durch Meditation mit dem inneren, schattenlosen Licht. Das wird Frieden in unser Herz fließen lassen, das wird unser Herz heilen, und uns so befähigen, das rechte Maß an Stille und Ausdruck, an Zuwendung und Hilfe für andere zu finden, die am Leben leiden.

Impuls für Herzmeditationen
- Heute lasse ich Liebe aus dem Herzen fließen.
- Heute lasse ich Liebe aus meinem Herzen strahlen.
- Heute übe ich mich in Gedanken, Gefühlen, Worten und Taten der Liebe.
- Heute ist es mir egal, ob ich als naiv oder sentimental belächelt werde, wenn ich besonders liebevoll bin.

Ein Gedanke des geistigen Lehrers Sant Darshan Singh, der hoher indischer Regierungsbeamter war, Dichter, Mystiker, Meditationslehrer und vor allem ein beispielhafter Menschenfreund, hat sich mir sehr eingeprägt, weil er ihn selbst aus einem übergroßen Herzen sprach und schrieb. Dieses Wort lautet:

„Umarme jeden Menschen als dein eigen, und lass deine Liebe frei fließen, wohin du auch gehst."

„Deine Liebe" – damit ist selbstverständlich nicht nur die persönliche, sondern auch die überpersönliche Liebe gemeint. So, wie (der ansonsten ja manchmal umstrittene) Apostel Paulus sagen konnte, „Ich lebe, aber nun lebe nicht ich, sondern Christus lebt in mir." Und auch Meister Eckhart hat das bekräftigt, wenn er schrieb, „Der Vater hat mir alles das gegeben, was er seinem Sohn gegeben hat. Davon nehme ich nichts aus – weder die Einigkeit noch die Heiligkeit." Sind wir also Gottes geliebte Kinder? Fühlen Sie sich wie Gottes geliebtes Kind? Oder eher wie ein vergessenes Kind, ein verlassenes

Kind? Womöglich denken Sie, „Ich will mich gar nicht wie ein Kind fühlen. Ich bin doch schließlich erwachsen und mache alles selber." Klar, warum nicht. Sie bestimmen über Ihr Leben. Nicht Gott. Deshalb haben wir ja einen freien Willen. Aber es ist wirklich so wie im biblischen Gleichnis vom verlorenen Sohn: Das Kind darf mit seinem Erbteil in die Welt hinausziehen und sein Glück auf seine Weise suchen. Gott hindert es nicht! Das Kind darf aber jederzeit auch wieder zurück – auch und gerade dann, wenn es sein Erbteil verspielt oder verschleudert hat, auch und gerade dann, wenn es „gescheitert" ist, sich und sein Leben „ruiniert" hat. Auch und gerade dann wartet Gott mit offenen Armen, mit Liebe, mit Herzlichkeit, mit Güte, mit Wärme, mit Mütterlichkeit, mit Väterlichkeit.

Ohne Vorwürfe, ohne Fragen. Gott wartet auf jeden, auch auf Sie und auf mich. Gott wartet mit offenen Armen und offenem Herzen auch dann auf uns, wenn wir „gesündigt" haben, uns also vom schöpferischen Prinzip der Liebe abgewandt haben.
Was ist notwendig, damit wir „wieder zu Hause" anlangen? Nur, dass wir selbst innerlich umkehren. Nur, dass wir uns entscheiden, alle Schuldzuweisungen und vor allem alle Selbstbezichtigungen, alles Festhalten an unserer Kleinheit und Schwachheit, loszulassen und unseren Blick auf Gott zu wenden. „Wer einen Schritt auf Gott hin macht, dem eilt Gott tausend Schritte entgegen."

Stellen Sie sich bitte folgende Fragen: Bin ich allein? Bin ich Gottes geliebtes Kind? Hilft mir mein Engel? Wenn das schwer fällt oder keine befriedigenden Antworten aufsteigen, nehmen Sie sich bitte ein paar Momente Zeit, denken Sie nach und erinnern Sie sich: Welche überraschenden Wendungen gab es in meinem Leben, als alles grau und trüb aussah, und von unerwarteter Seite oder auf überraschende Weise Hilfe kam? Hilfe im Beruf, aus dem Freundeskreis, in der Familie. Das haben Sie doch sicher schon mehrfach erlebt, nicht wahr? Oder dass eine schwierige oder langwierige Krankheit plötzlich doch besser und rascher geheilt werden konnte, als man erwarten konnte? Dass in einer Situation, in der Sie einen schweren Verlust erlitten hatten, Menschen da waren, die Sie getröstet, gestärkt oder einfach nur verstanden haben?

Wenn Sie Ihr Leben Revue passieren lassen: Kommt es Ihnen da nicht so vor, als ob es ein Wunder ist, dass Sie so weit gekommen sind, wo Sie jetzt stehen? Dass es eine Vielzahl an „Zufällen", an Weichenstellungen des Schicksals bedurft hat, dass Sie einen bestimmten Beruf, eine besondere Familie, persönliche Vorlieben, ihren Wohnort und so fort gefunden haben? Was wäre, wenn dahinter ein „Plan" stecken würde, Ihr eigener Lebensplan? Was wäre, wenn eine unsichtbare Kraft Ihnen bei jedem Schritt beiseite gestanden ist und – durch andere Personen und die Umstände – erst dafür gesorgt hat, dass sich dies und jenes überhaupt erfüllen konnte? Es heißt oft so schön, dass wir Menschen Gottes Augen und Hände seien, dass wir die Worte sprechen, die der Himmel sagen möchte und wir die Liebe zum Ausdruck bringen, die aus dem reinen Geist fließt. Wenn wir akzeptieren, dass alles Gute, was uns im Leben widerfahren ist und weiterhin begegnet, Zeichen der Liebe des schöpferischen Lebens ist, und alles Widrige uns darauf hinweist, wo wir Menschen uns noch weiter entwickeln könnten und sollten, dann werden wir uns nie einsam und verlassen fühlen.

Es gibt ein merkwürdiges Paradox: Wenn wir uns wie Gottes geliebte Kinder fühlen möchten, können wir das erleben, indem wir andere Geschöpfe, andere beseelte Wesen annehmen, ihnen Heimat geben, ihnen Hilfe erweisen, ihnen Liebe schenken. Indem wir selbst also das geben, was wir für uns erhoffen und ersehnen, werden wir gerade von dieser Energie erfüllt und durchdrungen. Wenn Sie jemandem in Not helfen und so sein Herz erfreuen dürfen, wenn Sie jemandem, der Ihnen lieb und wert ist, ein Geschenk machen können, dann sind nicht nur diese Menschen glücklich, sondern Sie ja mindestens genauso oder sogar viel mehr. Das kann ein freundliches Wort sein an einen „Außenseiter" der Gesellschaft, wie den Verkäufer der Straßenzeitung , ein liebevoller Blick gegenüber einem dunkelhäutigen „Ausländer", eine menschliche Einstellung und ein ebensolcher Umgang mit religiösen Minderheiten oder Menschen mit anderer sexueller Orientierung, und so fort.

Stellen Sie sich vor, dass ein kleines Kind Sie fragen würde: Hilfst du mir? Kannst du mir zeigen, wie das geht? Darf ich bei dir im Zimmer schlafen? Sie würden doch sicher aus vollem Herzen Ja sagen, nicht wahr? Auf die gleiche Weise dürfen wir uns jederzeit an das wenden, was wir meistens Gott nennen. Jeder Name, den Sie für das große Geheimnis, das Unbenennbare, den großen Geist, für Mutter Erde und Vater Himmel, für das Mysterium Lebenswunder finden, der für Sie stimmig ist, ist gut. Gott, Engel, Christus, Buddhanatur, Universum ... Entscheidend ist, dass wir überhaupt eine persönliche Beziehung aufbauen. Das mag anfangs so sein, als ob wir versuchen würden, zu einem weit entfernten, gar nicht klar sichtbaren Gegenüber irgendwie einen Draht zu bekommen und eine Kommunikation aufzubauen. Mit der Zeit wird diese Beziehung enger. Und dann werden wir früher oder später bemerken, dass „Gott" nicht „da oben" ist, sondern er/sie/es in uns ist und wir in ihm/ihr/ihm.

Einen sehr praktischen Ansatz, wie wir die Überschrift dieses Kapitels verwirklichen können, bieten uns die SOS-Kinderdorf-Idee und ähnliche wundervolle Hilfsorganisationen. In den SOS-Kinderdörfern erfahren Kinder

Familie, Heimat, Geborgenheit; sie erleben Liebe. Sie dürfen in den wesentlichen Jahren ihres Lebens erfahren, dass sie Gottes geliebte Kinder sind. Und wir können dazu eine Kleinigkeit beitragen und uns damit selbst an den großen Strom der Liebe Gottes anschließen.

Dieses Kapitel ist eine Einladung – mehr kann es ja auch gar nicht sein. Es ist eine Einladung, die aus einem erfüllten und berührten Herzen kommt, das spürt, dass nichts Ihnen und uns allen näher ist als dieses Mysterium Gott. Wir leben darin, es lebt durch uns, wir finden in ihm Geborgenheit, Kraft und Hoffnung, Liebe und Stärke. Die folgende Übung mag als eine Art Türöffner für ein solches Erleben dienen.

Übung des Dankens

Wieder einmal eine so einfache Übung, dass sie sich fast banal anhört. Vielleicht denken Sie, „Danken, das tue ich doch ohnehin schon immer, wenn ich etwas bekomme oder etwas anerkennen möchte." Stimmt sicher. Das bewusste Danken ohne konkreten äußeren Anlass befreit jedoch Seelen- und Herzenskräfte auf eine neue und tiefe Weise. Probieren Sie die Übung also bitte wenigstens aus.

Sie können an einem idyllischen Plätzchen in der freien Natur sitzen, bei sich in einer gemütlichen Ecke der Wohnung, in einem Meditationsraum oder in einer Kirche. Am besten dort, wo Sie eine Weile ganz für sich sein können, wo Sie Ruhe finden und gut zu sich kommen.

Nun lassen Sie die folgenden Menschen geistig Revue passieren und spüren jeweils in Ihr Herz, ob Sie innerlich bereit sind, diesen Menschen zu danken – für ihre Hilfen, für ihr Dasein, für bestimmte Erlebnisse. Und dann danken Sie im Geiste oder in leise gesprochenen Worten, zum Beispiel so:

- Ich danke meiner Mutter – dass ich durch sie geboren bin. Dass sie sich um mich gekümmert hat als Kleinkind. Dass sie mich liebt bzw. geliebt hat (oder: Dass sie versucht hat, mich zu lieben) . Dass sie ...

- Ich danke meinem Vater ...
- Ich danke meinen Geschwistern ...
- Ich danke meinen Kindern ...
- Ich danke meinen Verwandten (Großeltern, Tanten und Onkeln, Cousins...) - Ich danke meiner Partner, meinem Partner ...
- Ich danke den Kollegen, Vorgesetzten, Untergebenen in der Firma ...
- Ich danke meinen Mitarbeitern ...
- Ich danke der Natur, der Erde ... (zum Beispiel für die Nahrung, die sie hervorbringt, für Wasser und Licht, und so fort) – ich danke den Menschen, die vor uns spirituelle Wege gebahnt haben und uns den Weg damit leichter machen.
- Ich danke Vorbildern, die mich inspirieren, die mir helfen, nicht aufzugeben, die mich anspornen, Kräfte sinnvoll einzusetzen.
- Ich danke der großen unbekannten schöpferischen Kraft (Gott, Christuskraft, Heiliger Geist, Allah, Buddha-Natur, Jahwe, ...), aus und in der ich lebe ... Bei manchen Menschen beginnen Tränen zu fließen, wenn sie wirklich aus dem Herzen Dankbarkeit spüren. Das ist in Ordnung.

So finden sie wieder leichter zu dem, was wirklich wesentlich ist.

Für andere mag sich diese Übung wie eine ganze Litanei anhören und vielleicht zu viel „auf einmal" seinen. Dann danken Sie heute eben nur zwei oder drei Menschen und morgen wieder zwei oder drei anderen. Um ein Herunterleiern oder Abspulen geht es natürlich nicht. Vielmehr darum, dass Sie mit seelischer Zuwendung und echter Empfindung die iebesenergie des Empfangens nachfühlen und jetzt mit inniger Liebe dafür danken.

Mit der Zeit entdecken Sie immer mehr Menschen, denen Sie tatsächlich etwas oder viel zu verdanken haben. Und so öffnet sich allmählich mehr und mehr Ihr Blick dafür, dass Leben ein einziges Geschenk ist, dass Leben ein Wunder ist voller Gaben, ein Füllhorn der Liebe. Und früher oder später schwingen Sie sich auf das ein, was K. O. Schmidt „Das große Ja" nennt und andere Mystiker mit „Gott" bezeichnen. Sie spüren, wie Sie und wir alle – trotz aller weiter anhaltenden Unvollkommenheiten, Ecken und Kanten, Widrigkeiten, Schmerzen, Sorgen und Ängsten – in einem Meer des Bewusstseins schwimmen oder schweben, lichterfüllt, seelenvoll, liebesfähig.

12.
Du bist wunderbar!

Du bist wirklich voller Wunder! Wie wir das Wunder des Lebens immer öfter und immer bewusster leben können. Warum du wirklich wichtig bist – für dich selbst, für die Welt und für uns alle!

Jeder einzelne Mensch hat einen Ursprung, der mehr ist als Atome, Moleküle, Aminosäuren und biochemische Prozesse. Wer das vergessen hat oder gar leugnen möchte, dass menschliches Bewusstsein kein Produkt von Materie ist, sondern ein Teil des geistigen Lichts, ist bereits zum Opfer einer mechanistischen Weltsicht geworden, die Menschen nur als Wirtschaftsobjekte betrachtet, die produzieren und konsumieren sollen, um Profit zu erzielen.

Robert Muller, der frühere stellvertretende Generalsekretär der Vereinten Nationen, wies darauf hin: „Vor allem von zwei Dingen wollen uns die Reichen und Mächtigen entfremden: von der Natur und von unserer Seele, denn diese beiden, Natur und Seele, sprechen von Frieden und vom einfachen Leben." Und der nordamerikanische Indianer Chased-by-Bears hat einmal gesagt: „Wenn ein Mensch ein Kunstwerk schafft, das von allen bewundert wird, nennen wir es wunderbar, aber wenn wir den Wandel von Tag und Nacht erleben, wenn wir Sonne, Mond und Sterne am Himmel sehen und die Jahreszeiten erfahren mit dem Reifen ihrer Früchte, muss jeder erkennen, dass dies das Werk von jemandem ist, der größer als der Mensch ist."

Wie wunderbar Sie doch sind! Sie sind ein göttliches Kunstwerk, ein Meisterwerk des Himmels. Und jeder andere Mensch ebenso. Jedes Wesen, alles, was von der Natur, vom Leben, von Gott erschaffen wurde, ist wahrhaftig wundervoll – ist voller Wunder. Finden Sie das nun übertrieben und irgendwie abgehoben? Überlegen Sie mit mir einmal:

- Sie und ich, wir können sehen. Wir nehmen mit den Augen wahr (obwohl ich zum Beispiel ziemlich kurzsichtig bin). Wir sehen die Blumen und die Menschen, die Kinderaugen und das Flugzeug, das Haus und den Baum, das Bild und die Hand. Wir sehen einander in die Augen und fühlen uns im Herzen berührt. Wir sehen in einem Augenpaar Liebe und Sehnsucht und sind wie verzaubert. Alles ein Wunder, nicht wahr? Was sehen Sie, während Sie lesen, sonst noch? Mit den Augen des Körpers, mit den Augen des Geistes?
- Wir hören. Wir hören die Vögel und die U-Bahn, den Wind, wie er die Blätter leise rauschen lässt und das Murmeln des Bachlaufs, die Lautsprecheransage auf dem Bahnhof und die schönes Musik, das Knirschen vom Kies unter unseren Schuhen und das Auftütschen des Balls, mit dem die Kinder spielen. Wir hören freundliche Worte und freuen uns; jemand kritisiert uns und die Ohren hören etwas, was uns verstimmt. Viele Wunder ... Welche Geräusche, welche Klänge können Sie jetzt um sich herum hören?
- Ein Mopedfahrer kommt vorbei, wir riechen Zweitaktgemisch. Wir sind in einer Parfümerie und werden von der Vielfalt der Düfte förmlich benebelt. Wir riechen im Park oder Garten an einer Rose und lassen uns vom zarten Duft einen kurzen Augenblick lang in zeitlose Harmonien träumen. Das Essen reicht schon so gut und macht uns Appetit. Der liebe nahe Mensch ist uns auch durch seinen Geruch so vertraut. Riechen – ein weiteres Wunder. Was riechen Sie während des Lesens jetzt? „Schnüffeln" Sie ruhig ein paar Mal, um das bewusster wahrzunehmen.

- Beim Sehen und Riechen stellt sich manchmal wie von selbst auch ein Geschmack mit ein. Die Weinpoeten verwenden ja Begriffe, die das Sehen und Riechen betreffen, wenn sie einen Wein anpreisen und vermitteln wollen, wie er schmeckt, obwohl man nur über ihn liest. Bitter und süß, sauer und salzig, nussig und ranzig, geschmeidig und bröselig, schokoladig und sahnig ...unser Geschmackssinn ist potentiell hoch entwickelt und wird zu oft vernachlässigt. Entdecken Sie das Wunder des Schmeckens ganz neu. Welchen Geschmack haben sie jetzt gerade im Mund?
- So, jetzt lassen Sie uns noch an den Tastsinn denken. Besser noch: Spüren wir. Fühlen Sie mit einer Hand, wie sich der Umschlag des Buches anfühlt, wie glatt oder rauh die Papierseiten sind. Spüren Sie, wie sich die Bluse oder das Hemd, der Rock oder die Hose anfühlen. Ob sich ihr empfinden ändert, wenn sie in diese oder in die entgegengesetzte Richtung entlang streichen. Erinnern Sie sich an eine liebevolle Umarmung, ein Streicheln weicher Haut, das Gefühle, wenn Sie sich mit einem lieben Mensch aus dem Herzen die Hände geben. Wenn Sie innig vereint, Haut an Haut, einen lieben Menschen spüren.

Ist die Welt nicht voller Wunder? Ist nicht jeder Moment, in dem Sie etwas fühlen und begreifen, ein kleines Wunder? Aus dem Wunder der Wahrnehmungen über die Sinne entstehen unsere Gedanken, Gefühle, Worte und Handlungen. Wir spüren und reden, wir empfinden und berühren. Umgekehrt vermögen unsere inneren Bewegungen oft mit bestimmen, was wir überhaupt sehen, hören, schmecken, riechen und ertasten. Was hat das mit kleinen Erleuchtungen zu tun? Was ist Erleuchtung denn? Erst in der Ewigkeit? Und wo ist dann die Ewigkeit? Die Gegenwart, nun gut, das ist Jetzt und das ist Hier. Die Vergangenheit, oh ja, das Schöne, das Schlechte, das Unwichtige, das Vergessene und Verdrängte, das sentimental Erinnerte – das alles ist nicht mehr so recht spürbar und greifbar. Die Zukunft, der Wunschtraum, die Utopien des Geistes – das alles ist vor uns und auch nicht greifbar. Vergangenheit und Gegenwart und Zukunft, wie wir sie meistens erleben, sind voneinander klar und stark getrennt. Sie sind abgeschieden und stehen allein. Sie sind einander irgendwie fremd. Aber die Ewigkeit! Die Ewigkeit – das ist ja ein populärer Irrtum – ist eben nicht „später", sie fängt ja nicht erst „in ferner Zukunft" an, sondern sie ist jetzt und immer!

Das Wunder der Ewigkeit – und zugleich das Wunder Ihres Lebens und meines Lebens – ist, dass Gegenwart und Ewigkeit nicht auseinander, sondern ineinander liegen. Hier liegt der entscheidende Unterschied zwischen Utopie und Ewigkeit, zwischen materialistischer Weltanschauung und einem materialistischen Menschenbild, das auf äußerliche Veränderungen und Verbesserungen zielt, und einem geistigen, einem spirituellen Weltbild und Menschenbild. Dieses öffnet sich für die Gegenwart der Ewigkeit. Jede weltliche Utopie, auf die wir vielleicht mit allen Kräften hinarbeiten, liegt indes in einer zukünftigen Welt, die uns gar nicht berührt. Und so ist das manchmal auch mit dem Verlangen, der Jagd nach „Erleuchtung". Es gibt so viele Wege und Methoden, so viele Lehrer und Religionen, die Forderungen an das Diesseits erheben und mit einem schöneren Jenseits winken, die das mühevolle und notvolle Jetzt durch ein lichtvolles und erhabenes Später verklären wollen.

Aber ist das nicht wie mit dem Wasser und den Früchten, die der griechischen Mythengestalt des Tantalus immer ganz dicht und wie zum greifen nah dargeboten werden, und immer wenn er, der von Durst und Hunger gepeinigte trinken und essen will, weichen sie wieder gerade aus seiner Reichweite zurück? Ewigkeit ist keine endlose Zeit, die nach dem Tod beginnt, keine chronologische Unterscheidung. Sie ist vielmehr eine andere Ebene und Bewusstheit des Seins, eine Qualität, die „von der Zerstückelung der Existenz im Davonlaufen der Augenblicke erlöst ist". In dem, was wir hier mit Ewigkeit meinen, wird Mensch und Seele, Wesen und Sein, göttliche Schöpfung und unbegreifliche „Gottespräsenz" als Ganzheit erlebt, als mystisches Mysterium. Ja, Gegenwart und Ewigkeit liegen ineinander. Vollständige Erleuchtung, völlige Angstfreiheit, vollkommene Heiligkeit, unterschiedsloses Aufgehen in Gott und umfassende Verwirklichung des Göttlichen – all das ist und bleibt eine solche Utopie.

Kleine Erleuchtungen jedoch sind in der Ewigkeit dieses Augenblicks möglich. Wir brauchen nicht auf einen anderen, vermeintlich besseren Weg zur Erleuchtung zu schielen. Wir müssen uns nicht ob unserer moralischen Anfälligkeit und unserer irdischen Beschränkungen grämen. Den Glanz der Ewigkeit des Lebens, das Licht des Wunders dieses Lebens, können wir in jeder Sekunde unseres Seins bewusst wahrnehmen – sinnlich einfühlend sowie geistig bewusst. Die Worte des Vaterunsers, „dein Wille geschehe, wie im Himmel so auf Erden," weisen darauf hin, wie sich das Ewige in unserem Leben in der Gegenwart manifestieren kann. Was ist der „Wille" des Himmels, der Wille Gottes? Was will Ihre Seele, Ihr höheres Selbst als Abbild des Himmels?

Erleuchtung ist hier und jetzt, eben in dieser Sekunde, und auch bei und in Ihnen selbst. Erleuchtung ist in Gegenwart und Ewigkeit. Gut, nicht die Mega- Erleuchtung, vor der sich alle niederknien oder die uns wer weiß wie heilig aussehen lässt. Aber darauf kommt es doch auch gar nicht an, zumindest mir nicht. Ich halte das eher für eine Schimäre, eine utopische Einbildung, nicht für ein erstrebenswertes und erreichbares Ziel. Mir scheint etwas anderes wünschenswert und durchaus möglich zu sein. In einer Yogalehre aus dem Osten, bei Sant Mat bzw. Surat Shabd Yoga, gibt es das Bild, dass jede Seele so hell wie sechzehn Sonnen strahlt. So hell die Sonne ist, die unserer Erde Licht und Wärme sendet, um sechzehn Mal heller ist das Licht der ewigen Seele, dieses Tropfens des Ozeans im All-Bewusst-Sein, in der All-Liebe, in der All- Weisheit. Und dieses spirituelle Licht der Seele ist anders als jedes materielle rein und schattenlos, es strahlt Frieden und Liebe und Harmonie aus – weil es das alles ist. Als ich zum ersten Mal von diesem Bild hörte, erlebte ich gleich so etwas wie eine klitzekleine Erleuchtung: Ich fand zwar, dass ich im Leben im Hier und Jetzt und sofort wohl sicher nicht so hell wie sechzehn Sonnen strahlen könnte, aber immer eine Viertel Sonne könnte ich doch leuchten lassen. Schmunzeln Sie etwas, lächeln Sie jetzt?

Ja! Denken Sie wieder an das „große Ja!" Ja, es ist tatsächlich SO einfach. Sie und ich, wie alle können unser Herz öffnen, unseren Geist bereiten und strahlen, zumindest so hell wie eine Viertel Sonne. Herzenswärme und Menschenliebe, Lebendigkeit und Dankbarkeit, Lebensmut und Lebensfreude dürfen Sie und ich ruhig häufiger und mehr aus uns herauslassen. Wir brauchen sie nicht mehr länger in uns einsperren. Wenn Sie dann gleich jemand fragt, warum Sie denn so friedlich lächeln oder so verklärt strahlen, können Sie ja sagen, dass dieses Büchlein manchmal wie ein Gläschen Sekt wirkt. Und manchmal wie ein sanfter Balsam, der heilsam wirkt. (Beides hoffe ich zumindest.)

Also: Öffnen Sie Ihre Herzenstüren, machen Sie die Tore des selbst weit aus und lassen Sie Ihr Licht leuchten. „This little light of mine, let it shine ... I let it shine." Sie kennen dieses wunderbare Lied vermutlich, das Mahalia Jackson und so viele andere, vor allem schwarze Künstlerinnen gesungen haben. Sie sind Licht, Sie sind Liebe, Sie sind ein Himmelskind, sie sind ein Botschafter bzw. eine Botschafterin des Göttlichen. Sie sind an sich und in und durch Ihr Leben ein großartiges Wunder. (Das heißt ja alles nicht, dass Sie nicht noch weiter an sich arbeiten können oder sollten, dass Sie nicht statt „nur" einer Viertel Sonne bald eine halbe Sonne leuchten lassen. Der Umstand, dass Sie bisher noch keine sechszehn Sonnen manifestiert haben, soll aber nicht zum Vorwand werden oder als Instrument dienen, um Trübsal zu blasen und das eigene los und das der Welt zu bejammern.)

Also noch einmal: Spüren Sie Ihr Licht, lassen Sie Ihr Licht leuchten. Aus den Augen und durch Ihr Lächeln. Mit einer Herzensöffnung und durch geistige Klarheit. Im Ganz-hier-sein und zugleich inmitten Ihrer Ewigkeit. Ihr Leben ist ein Segen. Jeder von uns ist ein wunderbarer Segen für uns selbst und für die ganze Welt. Ohne das Wunder Ihres Wesens, Ihres Leben, ohne das Wunder Ihrer Hoffnungen und Befürchtungen, Liebe Freude und Trauer, Liebe und Leid, ohne Ihr bewusstes Sein, würde uns allen etwas fehlen. Ohne Sie wären wir nicht ganz und heil. Danke, dass Sie hier sind!

Segnungsübung:
Du kannst (und sollst) segnen, alles im Leben und dich selbst

Diese „Übung" ist ganz schlicht. Es bedarf keines besonderen Rituals, aber sie können natürlich gerne ein eigenes entwickeln, wenn Sie das mögen. Denken Sie und fühlen Sie dabei so intensiv und echt und authentisch, wie es im jeweiligen Augenblick halt möglich ist:
- Ich segne dich.
- ich segne dieses Kind.
- Ich segne deinen Weg.
- Ich segne das Essen.
- ich segne die Arbeit.
- Ich segne den Brief.
- ich segne das Gespräch.
- Ich segne die Fahrt und den Urlaub.
- Ich segne den Tag, ich segne deinen und meinen Tag.
- Ich segne den Computer, das Auto, das Haushaltsgerät …

- Ich segne den Stuhl, den Teppich, das Bett.
- Ich segne die Erde und den Himmel, die Wolken und den Regen, die Sonne und den Mond, die Sterne und das All, die Vögel und die Schmetterlinge, alle Insekten, alle Tiere, alle Bäume und Pflanzen. - Ich segne meine Mutter und meinen Vater.
- Ich segne meine Geschwister.
- Ich segne mein Partnerin bzw. meinen Partner.
- Ich segne ...

Es gibt nicht, buchstäblich nichts, was Sie nicht segnen können. Wenn Sie das anfangs als albern empfinden, als kinderkram – nun gut. Sie haben ja ein Recht auf Ihre Meinung. Aber: probieren Sie drei Tage lang aus, an jedem Tag mindestens zwölf Mal irgendetwas oder irgendjemanden zu segnen. Eine Person, eine Sache, eine Situation. Ich möchte Ihnen raten, Segnungen nicht laut auszusprechen, nicht hörbar für andere zu segnen. Es geht um Ihre geistige Zuwendung, um Ihre Herzenszuversicht und um Ihre liebevolle Anteilnahme, woraus die Segenskraft erwächst.

Und, last but not least, vergessen sie bitte an keinem Tag:
- Ich segne das Leben und mein Leben.
- Ich segne mein Bewusstsein, meine Liebe, meine Gedanken und Gefühle.
- Ich segne mich selbst!

Für die Zeit, die Sie sich für dieses Büchlein genommen haben, für die Gedanken und Erfahrungen in diesem Buch, bin ich Ihnen dankbar. Ihre Zuwendung segnet Sie selbst – denn Sie haben es ja in erster Linie gelesen, um Anregungen für ein bewussteres Leben zu bekommen. Sie segnen aber mit Ihrer Hinwendung auch mich und uns alle. Weil Sie mehr Licht durch sich selbst strahlen lassen. Damit wird es überall auf der Welt heller und leichter. Ich segne Sie und sage Dank für Ihren Segen.

Dank

Dank meinen LehrerInnen und geistigen WegbegleiterInnen. Vor allem seien genannt: Meine Eltern Valérie Vera und Hans-Olof, Katharina Richter („Hidda") und Großmutter Mechtild, meine Geschwister Diemut, Rafold, Alheidis, Gewa, Gisilot, Kurt, Babo und Angélique; die Bauern der Nachbarschaft in unserem kleinen Dorf Koldingen, die Familien Lattemann und Brüggemann (mindestens an einem Hausdach stand „Was du ererbst von deinen Vätern, erwirb es, um es zu bewahren"; und das habe ich immer in seinem spirituellen Aspekt verstanden); meine LehrerInnen an der Volksschule Koldingen und im Landschulheim Holzminden, vor allem Harry Freytag, Dr. Günther Triloff, Herr Treplin, Herr Ehm, „Egon und Egonia", das Ehepaar Erbe, Frau Schütz, Bodo Liebe; meine Freunde und Kollegen in der Schule und an der Uni; meine psychologischen und spirituellen LehrerInnen, vor allem Anneliese Harf und Paul Bergauer, Chris Griscom, Divo Köppen-Weber, Dane Rudhyar, Bernd A. Mertz, Claude Weiss, Kalu Rinpoche, Pir Vilayat Khan, Sant Darshan Singh und Sant Rajinder Singh, Padre Maximilian Mizzi, Chuck Spezzano, Gordon Smith, Mike Dooley, Linda und Geoffrey Hoppe; Autorinnen verschiedenen Bücher, bei denen ich als Koautor mitgearbeitet habe, vor allem Ingrid Kraaz, Beate Sprissler, Gayan Winter, Petra Lazarus und berufliche Förderer wie Herr Engelhardt, Franz Stark, Wolf Possell. Dank an meine Erst-Lektorinnen Katrin Ingrisch und Olivia Baerend ...

Last but not least Dank an jene Wegbegleiterinnen, die mich persönlich begleitet und bereichert haben und die mir ihre Liebe geschenkt haben (die ich nicht immer auf die rechte Weise habe würdigen oder erwidern können).

Gerne weise ich auch an dieser Stelle noch einmal darauf hin, dass ich zu manchen der Übungen durch LehrerInnen inspiriert wurde. Ich habe mir zwar die Freiheit genommen, die Übungen für meinen Gebrauch und für meine Kurse frei zu gestalten. Dennoch fühle ich mich diesen Menschen in Dankbarkeit verbunden: Die Ballonübung im 2. Kapitel geht auf Alla Svirinskaya zurück. Die Gedanken im 6. Kapitel zu den archetypischen Stationen der Lebensreise wurden durch Joseph Campbell geprägt. Einen Anstoß zur symbolischen Übung im 7. Kapitel zum nächsten Schritt habe ich bei Chuck Spezzano erhalten. Die Aufrichtigkeitsübung im 8. Kapitel geht auf eine Methode zurück, die ich bei Divo Köppen-Weber kennen gelernt habe. Die Alltagsübung im 10. Kapitel geht auf die Lehre von Ramana Maharshi zurück. Das Bild der Tantalus-Qualen und das kurze Zitat im Abschnitt über Utopie und Ewigkeit im 12. Kapitel gehen auf eine Überlegung von Kardinal Ratzinger zurück; zur Segnungsübung in diesem Kapitel hat mich die Übersetzung eines Buches von Serge Kahili King angeregt.

Bücher dieser LehrerInnen sowie mancher WegbegleiterInnen, die ich auch oben im Dank erwähnt habe, finden Sie im Literaturverzeichnis.

Anhang

Literaturhinweise

Ausgewählte Bücher und Kartensets von Wulfing von Rohr

(etliche sind bei Amazon als Neuausgaben als gedruckte Bücher bzw. als E-Bücher wieder erhältlich, andere nur noch antiquarisch)

Meditation – Die Kraft aus der Mitte: Ein umfassender, klarer und praxiserprobter Übungsleitfaden, mit Hinweisen auf Erfahrungen, Probleme und Grenzen der Meditation

Worauf es wirklich ankommt: Impulse für die spirituelle Entwicklung, mit kritischen Bemerkungen zu Wegen und Methoden und praktischen Übungsvorschlägen; Via Nova Verlag Petersberg

Fünf Kräfte meiner Seele: Ein neuer Ansatz zu einer spirituell-psychologischen Typologie von fünf Bewusstseinsebenen (Alltagsbewusstsein, Unterbewusstsein, Unbewusstes, Traumbewusstsein, kosmisches Bewusstsein) mit sechzig archetypischen Bildern; Lüchow Verlag Stuttgart

Was lehrte Jesus wirklich? Die spirituelle Botschaft der Bibel. In der Bibel und vor allem im neuen Testament sind klare Botschaften über Meditation und eine mystische Praxis enthalten, die Jesus seinen JüngerInnen übermittelt hat. Ein Grundlagenbuch.

Kuan Yin – Die Fürsprecherin im Buddhismus: Die Göttin der Güte wird hier auf Deutsch zum ersten Mal ausführlich und tiefgreifend erläutert. Mit dem historischen Kuan Yin-Orakel mit einhundert Sprüchen.

Geheimnisvolle Palmblätter: Über die Palmblattbibliotheken Indiens und Fragen nach Schicksal, Zufall, Chaos und Karma im Leben und dem freien Willen; Lüchow Verlag Suttgart

Geheime Herrscher der Welt: Ein Buch über weltliche und geistige Zusammenhänge von gesellschaftlichen Ereignissen und persönlichen Entwicklungsmöglichkeiten; Hugendubel Verlag München

Horoskopdeutung leicht gemacht – Eine Einführung in die Astrologie: Grundlagenwerk zur Deutung von Planeten, Zeichen, Häusern und Aspekten für Einsteiger und Fortgeschrittene.

Die Horoskopuhr: Einfache Methoden, um kosmisch bestimmte Lebenszyklen zu erkennen, astrologisch fundierte Prognosen zu stellen, und Zeitpunkte zu bestimmen; Chiron Verlag Tübingen

Tarotdeutung leicht gemacht – Neues Tarot: psychologisch und spirituelle, OHNE okkulte oder negative Bilder und Deutungen.

Magisch reisen Indien – Ein spiritueller Reiseführer

Schamanen-Orakel: Eine schamanische Weltsicht als Hilfe, eigene Themen und Entwicklungsmöglichkeiten zu erforschen. Buch und Karten von Ken Joseph Estrada ... Königsfurt-Urania Verlag Krummwisch

Zeitkarten ... Carpe Diem – Nutze den Tag: Die ersten Orakelkarten, die Antworten auf Fragen nach Zeitpunkten für Entwicklungen und Entscheidungen und Dauer von Prozessen geben; Königsfurt-Urania Verlag Krummwisch

Die richtige Schwingung heilt. Mit Ingrid Kraaz von Rohr. Klassiker zur Heilung mit feinstofflichen Energien, Bachblüten, Farben und Schüssler-Lebenssalzen.

Huna Seelenkraft. Mit Petra Lazarus. Fundiertes Grundlagenwerk zu Huna.

Vom Autor besonders empfohlene Bücher anderer Autoren

Martin Buber: **Die Erzählungen der Chassidim,** Manesse Verlag Zürich Ein faszinierender Einblick in jüdische Mystik.

Jean Charon: **Der Geist der Materie,** Ullstein Verlag Berlin. Ein französischer Naturwissenschaftler zur Entwicklung von Bewusstsein.

Deepak Chopra: **Leben nach dem Tod,** Allegria Verlag Berlin; Das beste Buch zum Thema, das ich kenne – spirituell und wissenschaftlich zugleich.

Meister Eckhart: **Vom Wunder der Seele,** Reclam Verlag Stuttgart; Christliche Mystik vom Feinsten.

Viktor Frankl: **das Leiden am sinnlosen Leben,** Herder Verlag Freiburg, Der Begründer der „sinnzentrierten Psychotherapie" schreibt darüber, wie entscheidend Sinn für Erfüllung ist und wie man den eigenen Lebenssinn finden bzw. erarbeiten kann.

Tzvi Freeman: **Den Himmel auf die Erde bringen,** Books >n Bagels, Basel; Lebensweisheiten des Rebbe Menachem Mendel Schneerson

Thaddeus Golasz: **Der Erleuchtung ist es egal, wie du sie erlangst,** Hugendubel Verlag München; Respektloser Umgang mit „letzten Fragen".

Chris Griscom: **Zeit ist eine Illusion,** Schirner Verlag Darmstadt Ein Klassiker des spirituellen Aufbruchs.

Chris Griscom: **The Evolution of God,** Eigenverlag, derzeit nur auf Englisch (www.lightinstitute.com) Ein völlig neuer Ausblick auf Grundfragen der Spiritualität und Religion, Chris Griscoms bestes Buch!

Anneliese Harf: **Yoga – Weg zur Harmonie,** Falken Verlag Niedernhausen; Eindeutig nach wie vor der Klassiker zu einem fundierten systematischen Yoga, der sich für Menschen im Westen eignet; reich illustriert; sollte unbedingt wieder aufgelegt werden!.

Alexander Kostinskij: **Der Sternenverkäufer,** Herder

Verlag Freiburg; Jüdische Geschichten, wie alles wieder gut wird. Poetisch, künstlerisch, beseelt.

Herbert Pietschmann: **Das Ende des naturwissenschaftlichen Zeitalters,** Weitbrecht Verlag München; Der österreichisches Physiker ist Vordenker einer neuen spirituellen Meta-Physik; ein „Muss-Buch" für das Verständnis von Religion, Physik und Metaphysik.

Ramana Maharshi: **Sei, was du bist.** O.W.Barth Verlag bei Scherz, Frankfurt; Die Frage „Wer bin ich?" als Ausgangspunkt zu kleineren und größeren Erleuchtungen.

Darshan Singh: **Spirituelles Erwachen,** Knaur Verlag München; Bewusstsein im neuen Jahrtausend. Spirituelle Unterweisungen eines großen Mystikers und Dichters des 20. Jahrhunderts; als Privatdruck evtl. bei www.skpshop.com

Chuck Spezzano: **Es muss einen besseren Weg geben,** Via Nova Verlag Petersberg Einführung in Grundlagen der Psychologie der Vision, einem Weges, der Therapie und Spiritualität verbindet.

Alla Svirinskaya: **Deine geheime Kraft,** Allegria Verlag Berlin Lebensenergie erfahren und zur Selbstheilung anwenden. Praxisbuch einer russischen Heilerin, das ich immer wieder für mich selbst nutze, vor allem die Reinigungskuren.

Hella Zahrada: **Ephides – Dichter des Transzendenten,** Anthos Verlag Weinheim Inspirationen für Menschen auf dem Weg

Über den Autor

Videos als Moderator auf:
www.welt-im-wandel.tv/mediathek/wulfing-von-rohr/
Videos über Bewusstsein von Wulfing von Rohr auf „Impulse fürs Leben" bei Youtube: www.youtube.com/channel/UCDFAQQAQxTn8LBMt7D-2vZ8w

Wulfing von Rohr, Jg. 1948, ist Bewusstseins- und Kulturforscher, Buchautor und Koautor, Seminarleiter, Übersetzer und Herausgeber. Er tritt als Moderator und teilweise Organisator von spirituellen Treffen in Erscheinung, z.B. Internationale Friedenskonferenz München 1999, Interreligiöse Gespräche Luzern 2000; Friedenstage Salzburg 2002, Engeltage Salzburg und München 2006, 2007 und 2008; The Gathering-Konferenz für LichtarbeiterInnen in Solothurn 2008, Lebenskraft-Symposien in Zürich 2008 und 2009. Bei der Channeling-Konferenz in Colorado im Juli 2009 war er einer der Gastredner..

Er war zwanzig Jahre lang Fernsehjournalist und Produzent von Fernsehdokumentationen für ARD und ZDF. Er gilt im deutschsprachigen Raum als ein führender Kenner der spirituellen Bewegungen und Entwicklung in Europa, Nordamerika und Teilen von Asien. Wulfing von Rohr war Gründungs-Chefredakteur der Zeitschrift ENGELmagazin, ist Mitarbeiter bei HEILEN HEUTE, einer Vierteljahreszeitschrift in der Schweiz, und interviewt lässt wichtige geistige LehrerInnen. Er war Mitglied in der Internationalen Gesellschaft für Tiefenpsychologie, er ist Vorstandsmitglied der Großgmainer Marienbruderschaft.

Derzeit wohnt er bei Salzburg am magischen Untersberg.

www.wulfingvonrohr.info

Zum Guten Schluss:
Zwölf Gedanken zum Leben

Damit dieses kleine Buch nicht mit Buchhinweisen und Kontaktadressen aufhört, noch als „Betthupferl" zwölf Gedanken auf Ihren Weg.

1. Beziehungen
Alles Leben ist Beziehung – zu Menschen, zu anderen Lebewesen, zur Natur, zum Kosmos, zu mir selbst, zur Schöpferkraft. Ganzheitliche Beziehungen erfordern, dass ich in anderen und mir selbst nicht nur die körperliche, psychische und intellektuelle Dimension wahrnehme, sondern den Nächsten und mich selber als Spirit, Seele, Geist bzw. Teil einer unvergänglichen „göttlichen" Bewusstseinskraft. Ganzheitliche Beziehung bedeutet, alle Lebewesen als Strahlen einer einzigen Sonne zu sehen und zu spüren. Alles andere ergibt sich dann wie von selbst.

2. Karma und Reinkarnation
Karma oder das Gesetz von Aktion und Reaktion ist ein Erklärmodell, das auch von der modernen Wissenschaft erforscht wird. Ob Karma zu Wiederverkörperung bzw. Seelenwanderung führt, bleibt für viele Menschen im Bereich des Glaubens. Einsicht in die Gesetzmäßigkeiten von Ursache und Wirkung müsste ausreichen, um jeden Menschen zu wandeln und dazu zu bewegen, die Konsequenzen von Denken, Fühlen, Sprechen und Tun zu bedenken. Wenn wir die Folgen unserer Lebensführung, Muster, Gewohnheiten und Verhaltensweisen kritisch prüfen, wird das bereits zu einer Verbesserung der Lebensqualität für alle Lebewesen beitragen.

3. Mystik im Christentum
Es gibt eine erste irdische Geburt und eine zweite spirituelle Geburt. Diese erfolgt, wenn wir mit dem Hei-

ligen Geist verbunden werden. Es gibt irdische Körper, die den Augen des Körpers sichtbar sind, und himmlische Körper, die nur das Auge der Seele sehen kann. Der Mensch ist dem Wesen nach Geist und kann in seinem himmlischen Körper in den großen Schöpfergeist eingehen – wenn er sich bereits während des Körperlebens selbst als Geist erkennen und erfahren durfte.

Diese Geheimnisse werden jenen mitgeteilt und erschlossen, die von einem Lehrer, Mystiker bzw. Heiligen unterwiesen werden.

4. Meditation
Das Leben ist ein rhythmisches Wechselspiel zwischen Einatmen und Ausatmen, zwischen aktivem Handeln und kontemplativen Innehalten. Meditation ist not-wendig, auch wenn sie nicht alles heilen oder lösen kann. Meditation kann und muss man genauso erlernen, wie man ein Musikinstrument oder eine neue Sprache geduldig lernen muss. Meditation wirkt in zweierlei Richtung: in den irdischen Alltag als Harmonisierung, in die Seelenebene als Weg zum Licht. Am wirksamsten ist es, mit Zuwendung, aber ohne besondere Erwartung zu meditieren. Ein Alltagsleben in Liebe zu den Mitmenschen und allen Lebewesen hilft entscheidend, auf dem Weg voran zu kommen.

5. Spirituelle LehrerInnen
In allen Bereichen des Leben brauchen und akzeptieren wir Lehrerinnen oder Lehrer. Dasselbe sollte auch für Spiritualität gelten, eine Disziplin, die ja immerhin über die sichtbare Welt von Stoff, Form, Raum und Zeit in die Allgegenwart des schöpferischen Urlichts und der All-Liebe führen soll. Wer aufrichtig um kompetente und uneigennützige Hilfe und Führung betet, wird früher oder später gefunden werden. Blinde Gläubigkeit, falsche Idolisierung oder psychische Abhängigkeit führen jedoch nicht zur Spiritualität, sondern nur das eigene, wach-bleibende Bewusst-Sein!

6. Ganzheitliche Gesundheit

Kümmern Sie sich um Ihren Körper. Lehnen Sie ihn weder ab noch vergöttern Sie ihn. Spüren Sie, wie wir die meiste Zeit des Lebens in und mit und durch den Körper leben - als Einheit, als Ganzheit. Erleben Sie aber auch, zumindest zeitweise, dass es Erfahrungen und Dimensionen gibt, die weit über den Körper hinausgehen. Geben Sie Ihrem Körper durch bewusste Ernährung die Chance, auf vielen Ebenen rein und durchgeistigt zu werden.

7. Geistheilung

Wenn man mich nach einer Kurzformel zum Thema fragen würde, die aus wenigen Sätzen bestehen sollte, würde ich sagen: Geistheilung mit magischen und astralen Kräften halte ich für spirituell und oft auch moralisch bedenklich. Geistheilung, die durch Kräfte aus einer rein spirituellen Ebene kommen, sind nicht nur wunderbar, sondern oft auch notwendig! Es gibt allerdings nur wenige Menschen, die diesen Unterschied völlig klar erkennen. Heilung durch Bewusstsein, durch Liebe und durch Geist ist echte Geistheilung.

8. Problemlösungen

Das Leben ist einmalig. Verschwenden Sie nicht Ihre kostbare Zeit. Entscheiden Sie sich immer wieder neu, was für Sie wirklich wichtig ist. Setzen Sie Prioritäten in Ihrem Leben. Gehen Sie ruhig das Risiko ein, „Fehler" zu machen, leben Sie aus vollem Herzen und mit ganzer Seele. Und werden Sie selbst zum Problemlöser für andere. Wenn es Ihnen schlecht geht, vor allem, wenn es Ihnen ganz und gar schlecht geht, und Sie wissen sich keinen Rat mehr: Blicken Sie sich um, wer in Ihrer Umgebung Ihre Hilfe jetzt brauchen könnte und geben Sie diesem Menschen Ihre Anteilnahme, Ihre Zuwendung, Ihr Herz ...

9. Wege über den Tod hinaus

Wir alle werden dieses Körperleben eines Tages verlassen. Wir wissen nicht wann. Wir werden an einen anderen Ort, in eine andere Existenzform und eine andere Dimension gehen. Macht es nicht Sinn, einen kleinen Teil unserer Zeit mit sinnvollen Reisevorbereitungen zu verbringen?

10. Ein Lebensmodell ohne Hierarchien

Lösen wir uns vom rein hierarchischen Denken. Gewinnen wir unsere eigene Bewusstseinskraft zurück - indem wir uns von heller strahlenden Mitmenschen inspirieren lassen, indem wir von integren und kompetenten spirituellen Lehrerinnen und Lehrern lernen, indem wir jede Hilfe auf dem Weg dankbar annehmen. Vermeiden wir dabei aber Dogmen, blinden Glauben oder blinden Gehorsam und die Projektion, dass wir unseren eigenen Weg nicht selbst gehen müssten, sondern er uns ganz und gar abgenommen werden könnte.

11. Gnade und Empfänglichkeit

Seien wir nicht abgöttisch hingegeben oder gebunden an eine Doktrin, Theorie oder Ideologie. Alle Systeme des Denkens sind Anleitungen; sie sind nicht absolute Wahrheit ... Wahrheit findet sich im Leben ... Leben wir einfach und teilen wir Zeit, Energie und materielle Güter mit denen, die in Not sind. Töten wir nicht. Besitzen wir nichts, was anderen gehören sollte ... Lernen wir, respektvoll mit uns und anderen umzugehen.

12. Meine persönliche Lebenseinstellung

Weil ich für etwas bin, muss ich nicht automatisch gegen alles mögliche Andere sein. Weil ich eine bestimmte Meditation übe, muss ich nicht gegen etwas anderes sein, gegen diese Religion oder jenen anderen Weg. Ich vertraue einer höheren inneren Führung. Ich spüre die Gegenwart dessen, was ich den Heiligen Geist nenne. Als Antwort auf die ewige Frage, „Wohin gehst du?" fühle ich mit Novalis: „Immer näher nach Hause!"

Neue Zweifel tauchen trotzdem immer weiter auf. Alte vermeintliche Sicherheiten lösen sich auch immer wieder auf.

Wohin ich dann gehe? Weiter, immer weiter zum Ziel – und auch der Weg ist ein Ziel! Ich soll kein Rumi oder Franziskus oder Gandhi, keine Rabia, Mira Bai oder Mutter Teresa werden, sondern so sehr ganz ich selbst, wie es mir möglich ist. Ich lasse mich darauf ein, mit dem Paradox und dem Geheimnis des Lebens zu leben, ohne zu glauben, es je lösen zu können.

Eine gute Reise, liebe Freunde des Lebens!

Liebe das Leben.
Lebe dein Leben und lebe deine Liebe.
Erstaunen, lernen und entwickeln sind nie zu Ende.
Kein Buch kann das
Mysterium der Wirklichkeit beschreiben.
Das Leben ist größer.
Bewusstes Sein ist größer.
Gott ist größer.